写真＝森 清

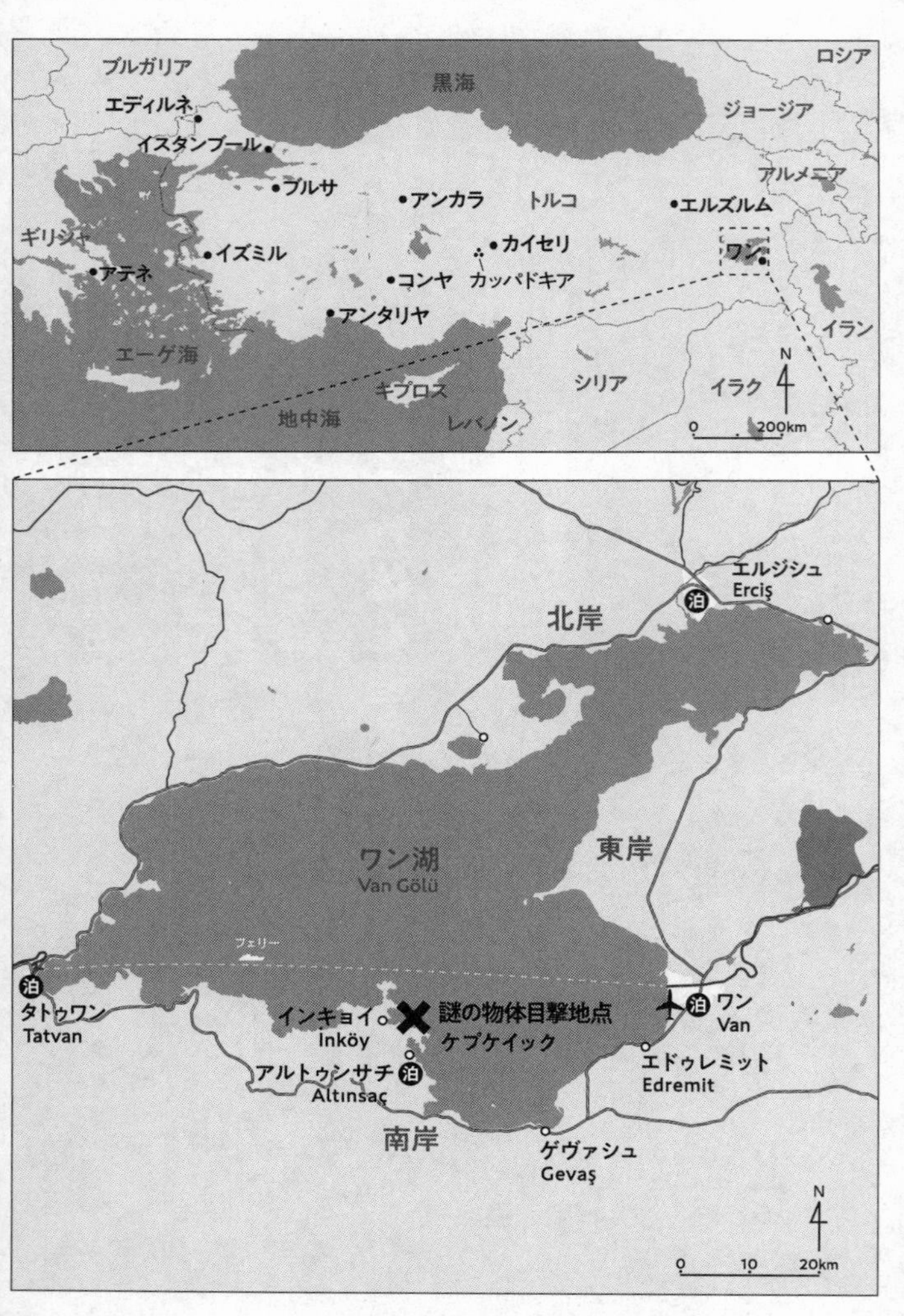

ブルガリア
黒海
ロシア
ジョージア
エディルネ
イスタンブール
アルメニア
ブルサ
アンカラ
トルコ
エルズルム
ギリシャ
イズミル
カイセリ
ワン
アテネ
コンヤ
カッパドキア
アンタリヤ
イラン
エーゲ海
キプロス
シリア
イラク
地中海
レバノン
N
0
200km
エルジシュ
Erciş
北岸
東岸
ワン湖
Van Gölü
フェリー
タトゥワン
Tatvan
インキョイ
İnköy
謎の物体目撃地点
ケプケイック
ワン
Van
アルトゥンサチ
Altınsaç
エドゥレミット
Edremit
南岸
ゲヴァシュ
Gevaş
泊
N
0
10
20km

トルコ怪獣記

第1章 驚きのUMA先進国トルコ

フェイクか本物か……それが問題だ

それは二〇〇六年七月、じとじとした梅雨の最中にかかってきた一本の電話で始まった。

電話の主は、科学ライターの本多成正(ほんだなるまさ)さん。生真面目な古生物学研究者の反面、熱狂的な未知動物信者という、科学版ジキル博士とハイド氏である。

本多さんからの電話となれば、話題は「未知動物」に決まっている。未知動物もしくはUMA(Unidentified Mysterious Animal 未確認不思議動物)を語り合うとなれば、白熱する。電話口で喋(しゃべ)るだけで体内外の湿気が汗となってしたたり落ちる。

私はなんでも「未知」が好きである。土地でも民族でも植物でも遺跡でも、もう「未知」と聞くだけで神経がざわめいてくる。

今(二〇〇七年)から十八年前、大学探検部時代に仲間たちとアフリカ・コンゴに謎の怪獣ムベンベとやらを探しに行ったのが、私の未知探求の原点だ。

コンゴには通算四回も足を運んだし、その後、中国で野人を探したりもした。

ここ十年くらいは、別の「未知」に気をとられ、未知動物とはごぶさたしていたが、前年からはじめたインドの怪魚「ウモッカ」探しで久々に未知動物に復帰した。その際本多さんにはたいへんお世話になり、以後も交流が続いている。

その日のメインテーマは、「二十年前、当時パリ＝ダカール・ラリーのドライバーがサハラで目撃したキリンのような謎の動物」だった。UMAマニアの誰も知らないようなレアな話で、本多さんはほんとうによくこんな話を見つけてくるものだ。もっとも私のほうも、UMAマニアの誰ひとり知らない、ベトナムの猿人「フイハイ」を探しに行った話を本多さんに報告しており、どっちもどっちだが。

ひとしきり、超レアな未知動物の話で盛り上がり、一汗も二汗もかいたあと、雑談に移った。

〝雑談〟とは、一般的によく知られている未知動物の話である。

私が未知動物業界（そんなものがあればだが……）を離れていた間にも、なぜか未知動物、UMAの数は増えていた。UMAファンの話題は豊富になったわけだが、あいにく私はすでに世に知られたメジャーな未知動物には興味をもてないでいる。最近の奴など名前すらよく知らない。

理由は簡単だ。ネッシーを見ればわかるように、メジャーな未知動物はすでに多くの人が大規模に探しているからだ。それでも見つかっていないということは存在する可能性が低く、存在していたにしても、徒手空拳に近い私が見つけられる可能性はさらに低い。

だからもっぱら独自の情報で知った未知動物を追いかけているわけである。「ウモッカ」しかり、ベトナムの猿人「フイハイ」しかり。あくまで人が知らない未知動物を発見して一旗あげようという、私なりの現実的路線なのだ。

というわけで、私にとって重要なのは「未知の未知動物」であり、「既知の未知動物」はどうでもいい。だから、そっちは〝雑談〟なのだが、本多さんは「ＵＭＡは百パーセント支持する」というＵＭＡ原理主義者だから、既知・未知を問わず、どんな未知動物の話でも熱くなれる。

私はあくまで雑談を楽しむ大人の態度で、ふと「最近のＵＭＡではどういうのに期待してます？」と軽く訊いてみたら、

「やっぱりトルコのジャナワールでしょう」と即答され、私はいささか驚いた。

彼はどんなＵＭＡにも万遍なく愛情を注ぐ人だから、いろいろ候補があがると思ったが、意外にも〝意中の人〟ならぬ〝意中のＵＭＡ〟がいたのだ。

「え、ジャナワールですか？」

「ええ。映像がすごいです。古生物学をやっている人間が見ても納得するような動きをしてますからね」

ジャナワールか……。

私はひそかにため息をついた。

ジャナワールについては、UMA業界を十年以上遠ざかっていた私も話だけは聞いていた。今から十年ほど前に、彗星のごとく現れたニュースターである（日本では「ジャノワール」もしくはその省略形「ジャノ」と訛って発音されているが、ここではトルコ語本来の音である「ジャナワール」もしくは「ジャナ」に統一しておく）。

トルコ東部にあるワン（ヴァン）湖に棲むとされ、一言でいえば、ネッシー型の巨大水棲動物ということになっている。体長は約十メートルとネッシー級だが、特徴的なのは、水を上に噴き上げる様子が何度も目撃されていることだ。どうもそれがいわゆる「潮を吹く」といった感じらしいので、UMAファンの間では「クジラの祖先であるバシロサウルスがかつて海だった可能性のあるワン湖に取り残されて生き残っているのではないか」と推測するというか夢見る人もいる。もっとも実際にはバシロサウルスは子孫のように潮を吹かなかったらしく、それでは成り立たないらしいのだが、なにしろ関心がないので細かいことはよく知らない。

私がジャナワールに関心をもてない理由は大きく二つある。一つは、ジャナワールのヒットには現代メディアが生んだ共同幻想という側面があることだ。

一九九七年に現地の人の手でビデオで映像が撮影され、CNNを筆頭に世界の各メディアで流されたのだ。実際にはCNNは「ついにジャナワールを発見！」というスクープを流したわけではない。ただ「また変なものが登場したよ」という〝ヒマネタ〟的な扱いだった。その証拠に、ビデオを撮影した具体的な日付も不明だし、ワン湖のどこで撮影されたのかも報道されていない。まともなニュースでない証拠だ。

だが、世間の人々にとっては扱いがどうこうよりも「あのCNNが映像を放映した」ということのほうが重要だった。まるでジャナワール実在をCNNが保証しているかのような錯覚を抱かせてしまったのだ。

さらにジャナワールの登場は本格的なネット時代の到来に重なっていた。昔なら一過性で終わっていたテレビの映像が、世界中の誰もがいつでもウェブサイトで見られるようになっていた。ジャナワール映像もそうである。

自分が直接見ることができれば、感動もひとしおで、思い入れも強くなる。そして実際に画像を見た人の一部しか信じなかったとしても世界的にはものすごい人数になる。

巨大マスコミとインターネットの作り上げたファンタジー――それがジャナワール

だ。少なくとも私は端からそう決め付けていて、それが関心を持たなかった最大の理由である。

もう一つ、私がジャナワールに冷たい理由があるのだが、……まあ、それはおいおい話すことにする。要するに、その時点では全然興味が湧かなかったのだ。

だが、本多さんがあまりに熱心に「動きを見ると、古生物学的にも矛盾がないんです。あれをヤラセだとすれば、よほど古生物学に精通してなければ」と主張するので、どうも気になってしまった。

UMAというのは一種の病気であり、感染力は強い。近くに強力な症状を発症している患者がいると、「そんなもんにかかってなるものか」という自分の意志とは関係なく、罹患することがある。

特に映像があるとなれば、ちょっと見てもみたい。実際に見ていなければ否定もできない。

私は、ウモッカ探しで世話になっているサイト「謎の巨大生物UMA」の掲示板に直截に「ジャナワールの映像が見られるところはないですか」と書き込んだ。UMAファンの人たちというのはホットで親切だ。Tさんという人が数時間後には映像のありかを教えてくれた。一九九七年六月十二日付けのCNNのニュースサイトである。

便利なもので、クリック一つで映像が見られるようになっていた。

さっそくそれを見てみた。

予想にたがわない代物だった。はっきり言ってうんざりした。みんな、よく、こんなものを見て興奮できるものだ。

映像は主に四つのシーンから成り立っていた。最初はワン湖とおぼしき湖の岸辺。このシーンは風景のみで謎の生物は何も映っていない。二番目は湖面のどこかわからない場所に何か細長い物体が浮かんでいるシーン。三番目は広い湖面をやはり細長い物体がまっすぐ横切っていくのを水平に近い角度でとらえたもの。バックには町並みが遠くに見える。そして最後は、なんだかわからない茶色の大きな生物が水から体の一部を出して動いているシーンである。

映像の時間はひじょうに短く、全部で十秒足らず。当然それぞれ謎の物体の映像も短いもので一秒、長くても三秒程度。ほとんど一瞬で終わる。

突っ込みどころ満載だ。

謎の生物が映っているシーンは三つだが、すべていきなりアップから始まっている。前後がない。唐突にはじまり、唐突に終わっている。

きわめて不自然だ。

「何かいる！」と気づいてカメラを回しはじめたなら、いきなりアップにはならない。

まず遠くからとらえ、次第に近寄り、それから初めて物体をアップでとらえる。プロなら意識的に、アマなら無意識的に、そうなる。なのに、三つともいきなりアップの映像で生物をとらえている。

だいたい、どうしてこんなにシーンが短いのか。映像自体はすごく鮮明だから、前後をもっと長く見せてもいいだろう。

次の疑問。三回の目撃シーンでは、物体の種類は素人目にもちがってみえる。最初は木のような細長いものがただ浮いているだけのようだ。二番目はウミヘビのようなものが直線的に動いている。そして、三番目のほうはカバかゾウの背中みたいな大きな塊がぷっかりと浮かんでいる。

だが、何よりも未知動物探査歴の長い私の眉をひそめさせたのは、ちがう機会に三度撮影しているということだ。ＣＮＮの記事にもそう記されているから間違いない。

ふつうは一度だって、なかなか撮れないのに、三回も？　だいたい、ふつうは一度、もろに撮影に成功したらその時点で大至急テレビにもちこんで即発表だろう。どうして、念を入れて、三回分も撮っていたのか。

ヤラセに決まってるじゃないか。

こんな映像がどうして評判になるのだろう。てんで納得がいかない。数日後、たまたま講談社のカメラマン森清（もりきよし）と新宿で久しぶりに飲む機会があった。彼は四年前、私の「謎の西南シルクロード紀行」で、一緒にミャンマー北部のジャングルを歩いて以来、すっかり私の旅の相棒となっている。

ビールを飲みながら、私はジャナワールの話を出してこう言った。

「はっきり言って、ありゃ、フェイク（偽物）だな」

すると、森は端整でピュアな瞳をちょっとみはり、首をかしげた。

「よくわからないんですが、どうしてその映像がフェイクだって断言できるんですか？」

だから言ってるだろ！　と私は言いかけて、はたと止まった。

断言はできないのである。私だって、その映像を見て、「これ、うそっぽいな」と思っているだけであり、「これ、ほんとっぽいぞ」と感心している無垢（むく）なUMAファンと方向こそちがえど、判断基準のレベルは変わらない。

もしかしたら、一度見たところに翌日も行き、その際別の場所からまた「撮影してしまった」のかもしれない。それが三日続いたとか。動物なら同じところに出ても不思議ではない。すぐ発表しなかったというのも、撮影者が、一回、二回の映像ではテレビに持っていく自信がなかっただけかもしれない。怪獣が長い首をもたげたとかいうショッキングな映像ならともかく、あの三つの映像はたしかにかなり曖昧（あいまい）だ。当事者としては腰が引けるかもしれない……。

森の質問は鋭い。私は本物とフェイクについて考え込んだ。

森の質問は鋭くても、森自身が鋭いわけではない。なぜなら彼はつづいて、「ぼくにはどの映像もみんなフェイクにみえるんですけどね」と付け加えていたからである。要は、この男、未知動物なんぞ、信じちゃいないのだ。最近私とタッグを組んでいるのは辺境に行って写真が撮りたいから、そして互いに自分のやりたいことだけをやるというスタンスで私と気が合うからである。

本物とフェイクの問題は、UMAサイトの掲示板に書き込んでしまったがために私を悩ませることになった。私にジャナ映像のありかを教えてくれ、「ぜひ探しに行ってください」と熱く語っていたTさん自身がご丁寧にも三日後には、「タカノさん、あれは実はフェイクだという話でした」と書き込んでいた。

どうして、そうころころ変わるのか。なんでもTさんがどこかのサイトで知ったところでは「UMA映像の前後に『そろそろ引っ張るからな』『わかった』などという会話が入っているビデオが流出している」とか。

ではその流出ビデオ映像は見られるんですかと訊くと、「わからない」とのことで、それっきりだ。

あー、なんでこうはっきりしないのだろう。

私はこういううやうやむやむやの状態が耐えられない。靴下の中になにかもぞもぞ動くものが入っているような気持ちのわるさがある。

この耐え難い気持ちわるさを除く方法が一つだけあった。現地へ行って、確かめればいい。映像を撮ったという人物に会って、話をきく。そして周囲の人にも取材する。そうすれば、少なくとも意図的なフェイクなのかどうかぐらいはわかるだろう。

しかし……。トルコは遠い。私は〝本業〟である「未知の未知動物」探しに忙しい。〝本業〟の合間にやっていると周囲に誤解されているが、〝本当の本業〟である物書き仕事だってある。でも、こんな邪道映像がまかり通っているのは、本気で未知動物探しをやっている私への挑戦に見えて、見過ごすわけにもいかない……。

森と会った翌日、たまには原稿でも書こうとパソコンに向かったら、なぜか手が勝手に動いてCNNのサイトを開いていた。せっかくなので記事本文を読んでみる。先日は真っ先に映像を見てすぐ「ガセだ」と決め付けたので、記事をほとんど読んでいなかったのだ。

幸いなことに映像を撮った人物の氏名と立場はわかっていた。いや、これは「幸い」ではない。映像を撮った人物の氏名と立場がはっきりしていたからこそ、CNNも放映したのだろうし、このビデオ映像が世界中で信憑性（しんぴょうせい）を得ていた大きな根拠にもなっていた。

撮影者はトルコ人で、名前はウナル・コザック。今から九年前の一九九七年六月頃の撮影時には、ワン湖ほとりにあるユズンジュ・ユル大学で教授助手をしていたらしい。専攻は不明。他のUMAサイトでは「生物学専攻」と書いてあるものもあったが確認はとれない。目撃情報をこつこつと千件も集めていたともいう。

千件⁉　そりゃ、すごい。もしほんとうなら、怪獣の出現スポットくらい把握できるよなあと私は簡単にぐらついた。動揺しながら、英文の記事を大急ぎで追っていった。

顔写真もサイトで見られる。わりと爽やかな感じの若者だ。顔なんて単にイメージだが、これが黒いヒゲ面のおっさんだったらみんな、眉につばをつけているだろう。「怪獣は体長十五メートルあった」とコザック青年は語っている。十五メートルというのはすごいでかさだ。

コザック青年（今はもう青年じゃないかもしれないが）は今、どこにいるのだろう。まだトルコ国内にいればいいのだが。ビデオで大金をせしめてヨーロッパに行ってしまったりしてないだろうか。

英語のサイトでウナル・コザックを検索したが何も出てこなかった。となれば、トルコ語のサイトか何かで調べたほうがいいのだろう。

私はトルコへは行ったことがあるが、トルコ語はまったくできない。誰か助っ人がいるなと考えたところ、打ってつけの人材を思い出した。

慶應大学文学部大学院生末澤寧史(すえざわやすふみ)だ。彼とは、共通の知人を介して何度か一緒に飯を食ったことがある。学部生時代にはアフガニスタンに通って、大学のネット放送用のビデオ撮影をしたり、中東を旅していたという変わり者だ。

一昨年、彼は半年ほどトルコに「遊学」、ぶらぶらしながらトルコ語を実地で学んだ。そして、大学院修士課程のテーマもトルコに決め、九月からイスタンブールの名門ボアズィチ大学に一年間留学することが決まっている。

さっそく彼の携帯に連絡を入れ、「ウナル・コザックという人物の居場所か連絡先を調べてくれないか」と頼んだ。

「十年前の情報しかないんでしょ？　難しい注文ですねえ」末澤は困ったような口調だったが、無理に引き受けさせた。前に飯を食ったとき、奢(おご)っておいてよかった。

数日後、末澤から携帯で返事が来た。どこからかけているのか雑音がして聞き取りづらい。末澤は留学準備のためもうアパートを引き払い、今は友だちの家を転々としていると聞いている。いつもクールな末澤がちょっと興奮していた。

「高野さん、ウナル・コザックの連絡先はわからないですが、彼の著作を見つけちゃいましたよ！」

「ウナル・コザックの著作？」

コザック氏が著書を出しているなんて初耳だ。ジャナワール・マイ・ラブの本多さんからもそんな話は聞いていない。

「どこで見つけたの？」

「まあ、ないだろうと思ったけど、いちおう東洋文庫で検索したら出てきたんです。トルコ語ですけどね」

「東洋文庫⁉」

たまげてしまった。ここでいう「東洋文庫」とは平凡社のシリーズではなくて、国会図書館付属のアジア専門図書館である。蔵書はもっぱら学術的な文献ばかり、しかもアジア各国の言語で書かれたものが主なので、私はその存在は知っていても利用したことはない。ましてや、ＵＭＡ関係でその図書館をあたるなんて発想は微塵(みじん)もわかなかった。末澤、意外に使える奴じゃないか。

「ほんとにそれ、あのウナル・コザックの本か？　同姓同名じゃないの？」私は感心を隠して、疑い深くきくと、末澤は持ち前のひょうひょうとした口調で「いえ、たしかです」と断言した。

「だって、本の題名が『ワン湖のジャナワール』ですから」

「え⁉」私は携帯を持ったまま今度は完全に絶句した。

私がフェイクだと決め付けたビデオの撮影者がジャナワールについての著作を出し

ており、それが日本の学術専門図書館に収蔵されている……。

すっかりわけがわからなくなった。

自分の目で見てみないと信用しない性質なので、末澤と一緒に文京区本駒込（ほんこまごめ）にある東洋文庫に出かけた。

古びた石造りの建物の二階に図書閲覧室があった。町の図書館と広さはさして変わらないが、中は閑散としており、書架に並べられた本の背表紙はほとんどが外国語で、しかも古書特有の、乾いた茸（きのこ）のような匂いが充満していた。いかにもアカデミックな資料室という趣だ。

「利用目的」の欄にまさか「怪獣探検」とも書けないので、「トルコ東部の文化研究」と書き込み、本の閲覧を頼む。しばらくして出てきたのは、百八十ページほどの薄いペーパーバックの本である。

カバーはワン湖とおぼしき湖のカラー写真、そのうえにでかでかと「VAN GÖLÜ CANAVARI（ワン・ギョル・ジャナワール＝ワン湖のジャナワール）」とタイトルが記されている。

まちがいない。ジャナワールについての本だ。

私たちはだだっぴろい机に二人並んで腰を下ろし、はやる気持ちを抑えながらページをめくっていった。何か只事でない気配がこの本から発せられている。

だが、これはコザック氏の単独著書ではなくて、共著だった。というより、「ムスタファ・ヌトゥク教授　ウナル・コザック」の順で書かれている。中身をパラパラめくっていた末澤が「ん?」ともらした。

「これ、どうも実質的な著者はヌトゥクとかいう教授みたいですよ。コザックは助手かなんかみたい」

末澤は半年間の「遊学」でトルコ語を独習しただけだから、書籍をすらすら読めるというほどではない。ただ、ジャナワールについて、事細かに、いろいろなことが書いてあるらしいと驚いている。

二人でページをめくっていたら、突然、ヒゲ面の男たちの顔写真がずらっと出てきた。

「何だ、これ?」

「あ、これ、ジャナワールの目撃者一覧みたいですよ」

「目撃者の顔写真!?」

「ええ。あ、これも、凄いなあ……」

「何?」

末澤は指でアルファベットをたどりながら言った。

「これ、目撃証言みたいなんですけど、……目撃者の氏名でしょ、出生年でしょ、住所でしょ、電話番号でしょ……。個人情報が全部出てますよ。四十八人分」

「え？　なに、これ？」私は末澤と顔を見合わせた。末澤は照れ笑いのような表情を浮かべていた。私も唖然(あぜん)としたまま口元が緩んだ。

あまりにわけがわからなくて笑ってしまうのだ。

いったい何なんだ、この本は⁉

トルコはまだ個人情報にはゆるいんだな……って、そんな話じゃないだろ！　仰天である。今までいろいろなＵＭＡ関係の資料にあたってきたが、目撃者の顔写真と氏名・年齢・住所・職業・電話番号まで掲載されたものなんて見たことがない。未知動物業界は曖昧さのうえにかろうじて成り立っているので、他の人間がそれを調べようとしてもできないように仕組まれている場合が多い。映像資料も写真も目撃談も、目撃者の身元はもちろんのこと、参考文献や出典すら明記されておらず、「〜らしい」「〜だという」の連発。それが「ヤラセ」を横行させる温床となっている。

しかし、この本はフェイクじゃないと私は確信した。その証言内容はまだわからないが、この本とそれを書いた人は真剣であり、純粋な人であることは疑いようがない。だとすると……。

私の心臓は今はじめて動き出したかのようにバクンバクンと音を立てた。

だとすると、ウナル・コザックも純粋でまじめな人だということになり、ビデオもヤラセではないということになる。どう見ても、この本の著者はジャナワールの実在を信じており、他の人たちに検証してほしいがために、こんな詳細な証人リストまで載せたとしか思えない。

ならば、あのビデオ映像への違和感は〝私の先入観〟で、ジャナワールは実在するということになる。

「でも……」と冷静な方の自分が引き止める。

なぜ、そんな誠実なコザック青年があんな曖昧模糊とした映像を発表しているのか？　どっちが本物なのか？　どっちがフェイクなのか？　それとも、どっちも本物？　どっちもフェイク？

？？？

この奇書の登場でビデオの謎がかえって深まってしまった。

何はともあれ、この本の中身を知らねば話にならない。というか、全ての鍵はこの奇書にあるとみた。

「この本、すごくおもしろそうだなあ！　どんなことが書いてあるのかなあ。オレ、トルコ語、わかんないし……」とわざとらしいぐらいの調子で追い込みをかけると、末澤は上気した顔で「じゃ、ちょっと、僕、訳してみますよ」と言った。

「どうせ、留学するまでまだ二ヵ月以上あるし、それまですることもないですから」

えらい！　その言葉を待っていたのだ。追い込み漁成功である。

末澤に頼んだのは翻訳だけではなかった。主著者であるヌトゥク教授への連絡という仕事も頼んだ。

この本には、教授本人のメールアドレスと電話&FAX番号もちゃんと書いてあったのだ。すばらしくサービス精神に満ち溢(あふ)れた本である。ただし十年前の情報なので今もそれが生きているかはわからない。

しかし、とにかく教授にコンタクトをとらねば。もし教授がトルコ国内にいれば是非会って話を聞きたい。ウナル・コザックの居場所も教えてもらいたい。ビデオの件についても直接聞きたい。

ここでちょっと興奮をおさえ、私は冷静に考えをめぐらせた。

ただ「会って話を聞きたい」では、承諾してくれない可能性がある。UMA関係者は気難しい人がけっこういる。もともと変わり者が多い世界であるが、それ以外に、かつては純粋な人でも世間からバカにされたりマスコミにからかわれたりして屈折してしまい、「もう誰の取材も受けない」なんて人もいるからだ。

謎の生物を目撃したら、その正体が何であれ、本人には大事件にきまっているが、それをマスコミに報告したりすれば格好の餌食(えじき)になる。本人が真剣であればあるほど「おいしいネタ」になる。しまいには人格を疑われ、世間から疎外され……なんてケースもなくはないのだ。

そこで数秒間、熟慮した結果、連絡するにあたり、「この本を翻訳したいのでその件で会いたい」ということにした。これなら絶対に受けてくれるはずだ。実際に私はまだ中身を読んでないうちから、この奇書に魅了され、末澤に翻訳してもらい、どこかで出版できないかとさえ考えてしまったのだ。私のいつもの〝先走り〟がもう始まっていた。

なんと二日後にはもう末澤から喜びに満ちたメールが入った。

「教授から返事が来ました。今イスタンブールに住んでいて、喜んで会うと言ってくれてます。八月末は留守にするけど、その前後はイスタンブールで会えるそうです」

よっしゃー！

思わず拳(こぶし)をギュッと握ってしまうタイミングのよさだ。

末澤は九月の第二週くらいからイスタンブールの大学の科目登録と寮探しを始めなければならないが、その前は空いているという。

今は七月中旬。一ヵ月くらいで、だいたいでいいから本を訳してもらい、八月の二十日ごろイスタンブールに飛ぶ。教授と会い、それから末澤に同行してもらいワン湖へ行く。現地で二週間ほど取材というか調査してイスタンブールに戻る。そうすると、末澤の留学開始にも間に合う。まさにドンピシャだ。今回はついていると冷静にかみしめないわけにはいかない。

学生の末澤を安く使い倒そうという作戦であるが、こういう実践的なことをやると、外国語力が飛躍的に伸び、結果的にいちばん得をするのは末澤本人だというのを知っているから、この際、気に留めないことにした。

奇縁の旅はじまる

八月二十二日、大韓航空七〇四便・ソウル経由イスタンブール行きの飛行機に私たちは乗っていた。

右隣には末澤、そして左隣にはなぜかカメラマンの森清がいる。

なぜ、ここに森がいるのか。

これが今回の旅の最初の大きなハプニングであり、私とワン湖と怪獣を巡るぐるんぐるんに捻じれた数々の奇縁のはじまりでもあった。

森とは四年前、西南シルクロードを踏破した際、一緒にミャンマー北部のジャングルを歩いたことで親しくなった（その旅はあまりに破天荒だったため、今でもフィクションが混じっていると疑われているが、全部実話である。詳しくは『西南シルクロードは密林に消える』〔講談社文庫〕をご参照ねがいたい）。森は今年（二〇〇六年）三月には、ベトナムの猿人フイハイを探す旅にも同行している。

といっても、前にも書いたが、彼は探検や未知動物には関心がない。海外の辺境が好きなだけだ。そこで写真を撮りたいというだけなのだ。あまりにもその思いが強く、常に沸点近くまで過熱しているのでほんの些細なきっかけで暴発するという素敵な性格の持ち主だ。

だいたい今回森が同行する予定は全くなかった。すでに末澤という同伴者がいるし、森自身も別の仕事が入っていた。トルコ行きの話は知っていて、「いいなあ、ぼくも行きたいなあ……」とつぶやいていたが、あまり刺激するとよくないので黙って聞き流していた。彼にも公私の立場があり、年に二回も私と一緒に出かけるというわけにもいくまい。

それが出発四日前に突然、電話がかかってきた。

「あの、トルコに一緒に行っていいですか？　……」という。

なんでも、森が会社でパソコンに向かって作業をしていると、突然、「アジア未知動物紀行」を連載している「小説現代」の編集者Nさんから、私たちのトルコ取材旅行のスケジュール表がメールで送られてきたという。どうもNさんが他のファイルと間違えたらしい。

他人の旅行日程ほど美しくみえるものはない。頭が真っ白になった森は、思わず旅行代理店に電話して大韓航空の便をきいたところ、「一席だけ残っている」という。「これは天がオレにトルコへ行けと言ってるにちがいない」そう思って咄嗟にその最後の一席を押さえ、上司不在のタイミングをついて有給休暇届を提出してしまったという。

で、私に「一緒に行ってもいいですか?」という。

今さら良いも悪いもない。願わくは会社をクビにならないでほしい、彼女にふられないでほしいと祈るばかりだ。

かくして、ワン湖ジャナワール取材メンバーは三人になった。

離陸と上昇が一段落つき、機体が安定すると、末澤は自分が訳したヌトゥク教授の奇書のコピーを私と森に配付してくれた。彼はものすごい集中力で、たった一ヵ月で百八十ページあるこの本を全訳してしまった。まだ日本語は粗いが十分読める。

彼によれば、「湖の解説では科学用語がたくさん出てくるし、全体的な言い回しはオスマン朝風で、すごく難しかった」とのことだ。片っ端から辞書を引きまくり、わからないところはトルコ人の友人たちに訊いてまわったという。

「おかげでトルコ語力が格段にあがりましたよ」末澤は満更でもない様子で言った。

内容はやっぱりすごい。目撃談だけではなくジャナの存在を多面的に分析している。多面的といえば聞こえはいいが、手元の食材を全部つっこんだごった煮ともいえる。

ユズンジュ・ユル大学の美術教授が目撃談を総合して描いたという、いわゆる「想像図」もある。手足がついたヘビというか、長いトカゲというか、竜のできそこないというか、そんな絵だ。

「ジャナワール」という言葉は「怪獣（怪物）」を意味し、ワン湖とは関係のない、トルコの伝承から来ているという説明。湖の地形や水の分析、世界のあちこちにいる「他のジャナワール（怪獣）」の紹介（その中にわれらがムベンベもちゃんと入っていて嬉しい）。ジャナを取り上げた全ての新聞の名前と発行年月日。同じくジャナを紹介したテレビ番組名とその通算の時間が三・五時間だとかいうワイドショーみたいな情報。

新聞に掲載されたジャナの正体に関する意見と考察も目をひく。番号を振って列挙しているが、なんと二百二十六件もある。

肯定説には、「水陸に生息するアパトサウルスのような恐竜が生き残っているのではないか」「クジラのような大きさで、背中にギザギザのついた生物」「体長約二十メートル、水中を揺れる体毛、背骨がない印象を与える生物」「ワンの生物はこれまで何百という人間によって目撃されたのだから、ペテンではない」など。

否定説は「湖上を飛ぶ鳥の影を見間違えた」「精神的障害による幻覚」「このように閉じられた湖にそんな巨大生物が存在するわけがない」「観光目的だ」など。

もっとヘンテコな、意見なのかどうかもわからないものもぞこぞこある。「ワン湖の怪獣はインフレ怪獣ほど罪がない」というのはトルコ経済の慢性インフレ状態を皮肉ったとわかるが、「ワン湖のジャナワールは誰も悩まさず、殺さない。彼に『愛と平和』という名を与えましょう」などは、何の話かも見当がつかない。読者の投稿や風刺漫画のセリフなども無条件に含めているようだ。

ここまで来ると、ごった煮どころか闇鍋（やみなべ）だ。著者があまりに公平を期しすぎて、何が言いたいのかさっぱり見えなくなる。「四十八人の完全個人情報付き目撃談」以外でも、眉を寄せたり開いたりしなければ読めない箇所が続出しているが、奇縁という意味でも負けていない。

今を去ること約三十年前つまりこの本が出される二十年前、若きヌトゥク教授はスコットランド留学中に、〝ネス湖のジャナワール〟ことネッシーの騒動に遭遇、新聞に意見記事を投稿したと序文に記されている。

教授は一九七〇年代にたまたまネス湖の近くにいた。そして、二十年後、今度はトルコのワン湖でジャナワール騒動が勃発したとき、またもや「たまたま」ワン湖のほとりにあるユズンジュ・ユル大学で教鞭をとっていたという。

なるほど、もしこれが真実なら、森じゃないが、「天が私に怪獣研究をせよと命じているにちがいない」と思うだろう。

そう私が言うと、末澤が横から「天というよりアッラーじゃないですかね」とぼそっと言った。末澤は柳に風、暖簾に腕押しというタイプで、何を考えているのかよくわからないところのある男だが、勉学に熱心なのはまちがいない。トルコの宗教、文化、歴史にはやけに詳しい。

末澤は出発前に私とやり取りしたメールの中で「ヌトゥク教授はトルコにおけるイスラム復興運動のオピニオン・リーダーの可能性がある」と書いていた。最初は厄介なものの気配がしたので、私は気づかないふりをしていた。

「それ、たしか？　同姓同名の別人じゃないの？」ウナル・コザックの著書があると聞いたときと同様、私は同姓同名で話を片付けようとした。だが、私の抵抗も虚しく、末澤は「たしかだと思いますよ」と淡々と断言した。

「トルコのネットでムスタファ・ヌトゥクを検索すると、ヌルジュ派の組織と絡んで多数ヒットするし、他に同じ名前の人は出てきませんから」

「ヌルジュ派って何？」顔をしかめて私は訊いた。やっぱり厄介なもんが出てきた。

「ヌルジュ派というのはですね、第二次世界大戦後に現れたヌルシーという宗教指導者を信奉する集団です」末澤は研究者の口ぶりで説明した。

ヌルシーと聞いた瞬間、ぬるっとした長い首の怪獣が頭に浮かんだが、さすがに口には出さず、黙って末澤先生の話を拝聴した。

それによると、ヌルジュ派の目標はトルコ共和国の世俗化・西欧化された現体制を全面的に否定して、コーランとシャリーア（イスラム法）に立ち戻り、最終的には世界を統一するイスラム国家を樹立することにあるという。国内でひじょうに影響力があるが、トルコ政府からは危険思想とみなされ、つい最近まで弾圧され地下活動をしていたともいう。

「へえ……。要は『イスラム原理主義』だな」私がざっくりとまとめると、大学院生の末澤はあくまで厳密に、

「いえ、単なる復古運動じゃなくて宗教と科学の融合をも目指しているのが特徴らしいです。詳しいことは知りませんが」と言った。

宗教と科学の融合って何だ？　宗教はイスラムなら、科学はＵＭＡ？

え、じゃあ、トルコではＵＭＡとイスラム原理主義が融合しているのか？

………。

謎が謎を呼び、混沌は深まるいっぽうである。

元はといえば、ジャナワールのビデオが本物かフェイクか確かめるというだけの話だったのに、進めば進むほど複雑怪奇になってきている。

なんだろう、この変さ加減は。

私がそんなことを思いながらぼんやりしていると、「高野さん、『ロンリープラネット』の〝トルコ〟のガイドブックあるでしょ？　貸してください」と森が声をかけてきた。「ロンリープラネット」とは、世界的に有名な英語のガイドブックのことだ。

「あー、あれ、預け荷物のなかに入れちゃったから今ない」

「高野さん、今回は余裕ですね」と森が言い、まあそれも無理はないという顔をした。

末澤も、

「そうですよね、高野さん、ワン湖まで行ったことあるんですよね」

そうなのである。何が驚きかって、私がすでにワン湖へ行ったことがあるというのが、最大のサプライズである。しかも、たった一年前の二〇〇五年七月にだ。

そして、これこそが、映像の信憑性のなさとともに、私がワン湖のジャナワールに否定的である大きな二つの理由のうちのもう一つだった。しかもそれでいて、ジャナにどこか屈折した心情を抱く理由ともなっていた。

怪獣のことを知っていて行ったわけではない。妻との「家族旅行」でトルコに出かけて、訪れた場所のひとつが偶然にも怪獣で有名な湖だったのだ。

いやはや、巷(ちまた)では「プロのＵＭＡハンター」などと勘ちがいされている私が、何も知らないまま、家族旅行で世界中のＵＭＡファン垂涎(すいぜん)のスポットに行ってしまうなんて……。

しかも、ワン湖に着いてからも、ジャナのことを千葉県松戸市のマッドドン（そういうのがいるらしい）みたいな「ご当地ＵＭＡ」だとばかり思い込んでいた。間が抜けているにもほどがある。

でも私がジャナを軽く見たのも無理はなかった。

なにしろ、現地のガイドは「あんなの、いないよ。ぼくはここの生まれだけど、新聞やテレビで有名になる前はそんな話聞いたことなかったもの」と一笑に付していたのだ。湖畔に立っていた「ジャナワールの像」も情けなかった。高さ約二メートル、赤や緑に塗りたくられ、お腹がぽっこりと突き出た怪獣は誠にマンガチックな代物で、ロンリープラネットが記す「おそらくは観光目的のためにでっちあげた話にちがいない」という説を強烈に裏付けているように思われた。

ジャナなんて実在しない。そう思ういっぽう、ワン湖周辺には侮りがたい不思議さを感じたのも事実だ。

ワン湖周辺には実にフェイクが多い。だがフェイクのなかになんとも言えぬ奇妙な現象や奇縁が煌いているのもまた確かなのであった。

それを私は文章にしたかったが、頭がこんがらがって手をつけかねていた。私が昨年トルコに行ったのは前述したように、妻との純粋な観光旅行である。もともとは西部のイスタンブール周辺を回るつもりだったのが、「どうしても」と妻を拝み倒してイラン・イラク国境に近い、イスタンブールから千三百キロも離れたワンへ行ってしまった。目当ては遺跡でもなければ絶景でもない。

気にかかる事件がワンで起きていたからだ。もちろんジャナワールではない。

「羊の大量自殺」である。

たまたま私たちが日本を出発する二日前、なんとなく「ジャパンタイムズ」を読んでいたら、なぜか一面に「トルコの村人が羊の死で大打撃を受ける」という記事があった。

AP電のその記事によると、トルコ東部のワン県ゲヴァシュ郡の村で、朝、羊が突然、崖から飛び下りはじめ、推計千五百匹もの羊が死んでしまったという。被害総額は総計七万五千ドル（約九百万円）、「これは一人当たりのGDPが二千七百ドル（約三十二万円）のこの国では相当な額である」と結ばれている（ちなみに日本の一人あたりのGDPは約三万ドルでトルコの十倍以上）。

オカルト雑誌の学研「ムー」や東スポならともかく、APが伝え、「ジャパンタイムズ」が一面で取り上げているというところが気になった。それで無理に夜行バスを乗り継いでワンまでたどりついたのだ。

ところが現地で知り合った、三十代半ばとおぼしきガイドは「ゲヴァシュはボクの出身地だけど、そんなニュースは聞いてない」とあっさり否定した。なんだ、ガセネタかとがっかりしたが、せっかくなのでそのガイドに頼んでワン湖を含めたプライベート一日周遊ツアーを作ってもらい、出かけた。

ガイドの名前はエンギン。最初会ったとき、私は思わず「西郷さん」と呼びかけたくなった。太い眉毛に大きなまんまるの目、そして人懐っこい笑顔、健康的な太い腹。西郷隆盛が一回り小さくなったような具合なのだ。

ガイドとセットで雇った車の持ち主兼ドライバーは、現地で副業としてジャーナリストもやっているという渋い五十がらみの人物だった。長身痩軀（ちょうしんそうく）、鷲鼻（わしばな）で、ふだんは無口で温厚な紳士だが、何か自分の興味をそそるものを見つけたときには目が鋭くなり猛禽（もうきん）を連想させる。本名はイヒサンというが、彼はガイド以上に各地に詳しいので私たちはその独特の雰囲気と合わせて〝プロフェッサー〟と呼んだくらいだ。

ガイドブックによれば、ワンからイラン国境にかけてはいろいろユニークな観光名所があるが、行ってみれば、フェイクばかりであった。

例えば、イラン国境の間近にある「隕石の穴」というのは、垂直の縦穴だった。隕石が激突したらクレーターになるはずだから、全くのウソッぱちである。ガイドのエンギンも「政府は調査をしようとしない。調査したらニセモノだとバレるからだ」とにべもない。

ジャナワールはいない、羊の大量自殺もちがうだろう、隕石もウソ……と観光ガイドのくせに、思ったことを——それも旅行者をがっかりさせるようなことを——ずけずけと言うガイドなのだ。

私たちも、どうしてここら辺ではこんなアホなもんがまかり通っているのかと呆れた。

なかでも最大のフェイクは「ノアの箱舟」である。雲に覆われたアララット山が間近に見える場所にそれはあったが、「どうしてこれが？」という代物だった。

なにしろ、箱舟と言いつつ、木は何もない。ただ、土が大きい菱形に盛り上がっていて、それが旧約聖書に書かれた箱舟の形とサイズにぴったり一致するという。しかし、箱舟は木造のはずだ。どうして木が土になってしまうのか。

ばかばかしいにもほどがある。だいたい、聖書によれば、箱舟はアララット山の山頂に着いたのだ。なぜかというと、アララット山が聖書の世界ではいちばん高い山で、洪水のあと、いちばん最初に水面から顔を出した土地がそれだったからだ。

なのに、どうしてアララット山の頂上でなくて、ふもととも言えない場所に箱舟があるのだ？　富士山と静岡市くらい離れており、あまりにも遠い。

この時点で私たちはワン湖周辺＝フェイク天国＝噴飯モノ、と決めつけた。ただ、土地はたいへん美しかった。特に牧畜民が生活する乾いた大地は、それまで東南アジアや中国・台湾ばかり行っていた私たちには新鮮で、車窓の風景だけでも十分満足というくらいだった。

そんな観光気分が吹っ飛んだのは、もう見もの（＝フェイク）は終わり、ワンの町へ帰る途中のことだった。雲が晴れ、アララット山の豪快な姿に感嘆した直後、私たちの前に突如、洪水が現れたのだ。氾濫した川のようなものが畑や村を突っ切ってゴウゴウと流れていた。私は自分の目を疑った。

え、洪水⁉︎　こんな乾いた土地で？

驚いたのは私たちだけではない。運転手のイヒサンはすぐに車を止め、カメラとビデオを持って外に飛び出し、撮影をはじめた。目が炯々と光っていた。私たちのことなど、すでに眼中にない。奇妙な現象を見つけた彼は急に兼業の「ジャーナリスト」に変身してしまったのだ。

洪水はあちこちで起きていた。エンギンとイヒサンも興奮しながら「原因はわからない」というのみ。

いちばんひどいところでは、ヤギ、羊と牛の群れが濁流のなかで立ち往生し、馬に乗った羊飼いたちが必死に動物たちを叱咤(しった)して、少しでも高い場所に避難させようとしていた。

なかには濁流に流されたヤギもおり、かろうじて水から脱したものの、冷たい水で心臓麻痺を起こしたのか、ぴくぴくと痙攣(けいれん)し断末魔の悲鳴をきれぎれにあげていた。

キツネにつままれたような面持ちで、それでも夕暮れ前にワンに戻らないといけないので私たちは先を急いだ。するとちょっときつい坂を上りきったところで、これまた思いがけない光景を目にした。

「ワーッ!!」私たちも、イヒサンもエンギンも叫んだ。

あたり一面、雪景色だった。

みんなで競うようにして車を飛び降りた。みんな、半袖である。

現場には道路修復の作業員が数人いて、半袖シャツで雪を蹴(け)って遊んでいた。イヒサンはバシバシ写真を撮りまくる。ビデオもまわす。イヒサンはさすがマスコミの人間で、作業員たちに指示を出し、雪合戦をやらせた。なるほど、日本の記者やディレクターでも同じことをするだろう。ニュース写真としていちばんわかりやすい絵柄だ。

大騒ぎしながらも辺りを見渡していくと、標高の高い山とも丘ともつかない場所があちこちで白くなり、その下から水が流れていたりもした。

これでわかってきたのだが、先ほどの洪水は雪解け水なのだ。理由はわからないが、季節外れの雪がここ数日降っているらしい。だが、晴れ間がみえると、真夏の猛烈な直射日光が降り注ぐ。雪はすぐに解ける。そしてカラカラに乾いた大地をすべるように流れる。それが洪水になるのだ。

そのあと、私たちは無事にワンに戻った。エンギンたちとも別れてイスタンブールに帰った。翌々日、トルコの全国紙のいくつかにそのニュースが載った。

題して「真夏に冬が来た！」。

写真もある。手で雪景色を示すガイドのエンギン、ヤラセの雪合戦を楽しむ作業員、そしてそれを面白そうに見つめる日本人旅行者……。

そう、私たちはこれでトルコの全国紙に登場してしまったのだ。あとで電話でエンギンに聞いたところによると、テレビ各局のニュースでもイヒサンの撮った映像が流れていたという。

こんな不思議な現象に遭遇したのは初めてだったし、外国のメディアに出てしまったのも初めてで、奇遇としか言いようがない。おまけに、その一日ツアーの翌日、エンギンに会ったら、「羊の大量自殺の話、あれはほんとうだったよ！」と驚いたように言った。親戚から聞いたという。

どうだろう。混沌としているじゃないか？

ワン湖に怪獣がいるとはとても思えない。でも、ワン湖周辺では何か人智（じんち）を超えた、とてつもなく奇妙なことが起こりうる――そう私が思ってしまうのはこんな体験が背景にあるからなのだ。

そんなワン湖に、一年後再び向かうとは夢にも思っていなかった。これまた奇縁である。

さらなる奇縁が待ち受けているとも知らず、私たち烏合（うごう）の三人を乗せた飛行機はイスタンブールへ向かったのだった。

謎めく「文化センター」とヌトゥク教授

イスタンブールは真夏だった。そして乾いていた。焼け付くような直射日光なのにジーンズをはいて汗もかかないというのがさすが地中海性気候である。

人間もドライだ。鉄道駅の裏にある安宿ではフロントにいる若い男二人が、薄汚れたザックをかついで到着した私たちをまじまじと見つめ、空き部屋があるのに「他のホテルへ行け！」と吐き捨てた。

　もっともそれは私たちが「部屋代を五リラ（四百円あまり）まけろ」と主張したのが原因だった。

「いえ、今は観光シーズンでお客も多いからダメですよ」と最初は穏やかに断られていたのだが、寝不足のうえ異国に到着したばかりでハイになっている私たちが「いいじゃん、いいじゃん、まけてよ！」としつこく食い下がった。やがて温厚な彼らも「あんたら、いい加減にしろよ！　そんなに値段が気に入らないんなら他のホテルへ行きなよ！」と怒り出したというわけで、ドライというよりは常識的な対応といえる。

　非礼を反省した私たちが「わかった。定価の二十五リラ（二千円あまり）でいい」と言っても、「ノー！」とフロント係は強硬だ。このホテルは、この界隈（かいわい）では安いわりに快適なことで知られている。

　困ったなと思っていたら、いちばんハイになっている森が唐突に「オレたちはワン湖のジャナワールを探しに来たんだ！」とわめいた。

「ジャナワール⁉」フロントの二人は顔を見合わせ、次にブッと噴きだし、バンバンと古い木のテーブルを叩いて笑い転げた。

　えっ？　森はそんなにおもしろいギャグを言ったのか？　……と一瞬、真剣に考えたほどである。

「あんたら、ジャナワールを探しに来た？　ほんと？」と訊くので、
「そうだ。本気だよ、オレたちは」私がまじめな顔で答えると、彼らはまた顔を見合わせて、大笑いした。

おかげで彼らの怒りはすっかりほどけ、私たちは無事に宿泊を許可されたのだが、こちらがパスポートを提示したり、宿泊登録の紙にいろいろ書き込んでいる間にも、彼らは「ジャナワールなんていないよ」「あれはウソだよ」とニヤニヤし続けている。やっぱり、ドライな連中だ。

私たちもジャナワール実在を信じこんでいるわけではないどころか、ビデオの真贋を確かめに来ただけだが、ここまで頭から否定されるというかバカにされるとめげる。

その後、ホテルのロビーでくつろいでいるときにも、従業員やらただの客やら、トルコの人懐っこい人々が話しかけてきたが、ワン湖の怪獣については「いないよ」とか「信じてない」とか「うははは」とか、例外なくスーパーにドライな反応だった。

このドライさには重要な意味があったと後に知ることになるが、そのときは「いきなり、これはないだろ」と苦笑するのみであった。

翌日の午後、予定された教授とのインタビューに向かった。

教授の指定した場所は末澤によると、「名前からするとなにか公共のカルチャー

センターみたいなところ」ということだった。

アジアとヨーロッパを隔てるボスポラス海峡の前で私たちがつかまえたタクシーは、サングラスに銀髪という渋い年配のドライバーが運転するボロい車で、徐行しているのにカーブではキキキーッと鋭いコーナーリングのタイヤ音を立てた。

新市街の、似たようなビジネスビルや似たようなマンションが立ち並ぶ一角を迷いもなくくるくると回るが、迷いがないのは運転手の頭の中だけらしく、気づくと、先ほどと同じところに戻っていたりした。

「ちゃんと着くのか？」と訊くと、運転手は「イスタンブールはでかい。インシャッラー！（神の思し召しのままに＝運がよければ）」とにやっとした。

さんざんさ迷った末、到着したのは意外にも新興のマンション地区だった。いかにもアッパーミドルの人たちが買いそうな高層分譲マンションという雰囲気で、とてもカルチャーセンターがあるようには見えない。あるいは教授の自宅なのか。

不審な顔でタクシーをおり、住所どおりのマンションの狭い入り口に入っていく。小柄な若者がいたので末澤がセンターのことを訊くと、彼は愛想よくうなずいた。まさに私たちを迎えに出ていた人だった。

若者の案内でエレベーターに乗り、五階へ上った。扉が開くと、そこには廊下というものがなく、大きなドアが一つあるだけだった。

重厚なドアが開き、ひんやりとしたエアコンの空気が流れてきた。青山や六本木でもそうそうないだろうと思われる、モダンでしゃれたオフィスに瞠目（どうもく）してしまった。なぜ、こんなところにこんな豪勢なオフィスがあるんだろう。何かの「拠点」という感じだ。

「ヌルジュ派は今でも当局の手前、おおっぴらな宗教活動は控えているんです」という末澤の言葉を思い出した。奇書『ワン湖のジャナワール』に宗教色が薄いのもそのせいだろうと末澤は推測していたのだった。

そこへニコニコ顔で「ウェルカム！」と両手を広げて現れた初老の紳士が、あの「奇書」を書いたヌトゥク教授だった。教授の門下生もしくはスタッフとおぼしき、数人の若者たちもぞろぞろ出てくる。みんな笑顔だが、切れ者っぽい顔をした連中ばかりだ。切れ者っぽくないのは、ずんぐりして地味なジャケットを羽織り、日本晴れならぬトルコ晴れみたいな笑顔の教授くらいである。

「こりゃちょっとマズイかも……」と私は思った。いかにも宗教系か政治系の「軍団」という感じがしたのだ。

教授はしかしご機嫌で、私たちの戸惑いなど頓着（とんちゃく）せず、隣室のこれまた素敵な会議室に導いた。十数人が優に座れる革張りのソファが魅力的だったが、ちゃんと話をするためだろう、私たちはその横にある、楕円の大きなテーブルに誘われた。新しい革と木の匂いがエアコンの風に吹かれている。

きょろきょろしていたら、いきなりA4サイズの紙が差し出された。ビデオ映像を画像におとして拡大した——つまり画像が粗くて何がなんだかわからないジャナワールの写真だった。

私たちが「映像と資料がみたい」とメールで言っていたせいだろうが、環境があまりにもヨーロピアンというかおしゃれなため、この写真がえらく場違いに見えた。

教授は上機嫌で、話しはじめた。ネス湖の近くに留学していただけあって、英語はけっこううまかったが、資料がどうのこうのと言い、取り巻きの若者たちも一斉に喋りだし、混沌とした状態である。

森はさり気なくビデオを回している。今回、私はいちおう万一、例えばジャナが出現したときとかに備え、ビデオカメラを用意した。そして、それを「最近、動画にも興味がある」という森と、もともとアフガンで映像を撮っていた末澤にあずけ、てきとうに気が向いたときに撮ってもらうことにしていた。

さて私は一同をさえぎって、やっと挨拶と自己紹介をした。「本を訳して出版したいが、その前にジャナワールと教授のことを雑誌で広く紹介したい。ついてはインタビューをさせていただきたい」と話をはじめた。

まずは、決して教授をおもしろがっているのではない、同好の士であるということを説明するため、「私も未知動物が好きでコンゴにムベンベを三度も探しに行ったことがある」と言った。前にも述べたとおり、ムベンベは教授の本にも「世界の湖のジャナワール」というページにちゃんと記載されている。

続けて「あなたも未知動物が好きなんですか？　どうしてジャナワールに興味を持ったのか？」と訊ねた。

すると教授は、あの本を読めばわかると思うが、と前置きしたうえで、

「それはジャナワールが話題になったとき私がワンにいたからだ。さらにその二十年前、スコットランドのグラスゴーに滞在していたとき、ネス湖のジャナワールに興味をもった。そして何冊かそれに関する本を読み、トルコの新聞に紹介記事を書いたんだ。それまでトルコ人はネス湖なんて知らなかったからね」

なんと、トルコに初めてネッシーを紹介したのはこのヌトゥク教授だった。トルコのＵＭＡ界はこの人が切り開いたのだ。そんなもん、切り開く必要があったかどうかは別として。

なるほど、ならば、至近距離でジャナ騒動が勃発して、すぐに教授が出陣していったのも当然——と思ったら、そうでもなかったらしい。

教授を動かした人物がいたのだ。

当時、教授が勤めていたユズンジュ・ユル大学の教育学部に、「ザマン」という全国紙の記者を兼ねていた学生がいた。トルコの地方では、人材や資金の不足から学生を現地記者として雇う新聞が少なくないらしい。ともかく、その学生記者が、教授がネッシーを紹介したことがあるとどこからか聞きつけ、インタビューに来た。教授は今回のジャナ騒動とネッシーをからめて喋り、それが記事として掲載された。

その学生兼記者こそ、あの奇書の共著者であり、問題のビデオの撮影者であるウナル・コザックだった。教授は自分自身の記事に触発され、またコザックが足しげく研究室を訪ね、最新の目撃情報などを教えるので、だんだんジャナ問題にのめりこんでいったらしい。

コザックと出会ったのは九五年十一月一日。あとで述べるが、これはジャナワール騒動が単なる色物ネタから大フィーバーに変わった記念すべき日である。

教授が翌年、ジャナについてのきちんとした本を書こうと決意したとき、手伝いを買って出たのもコザックだった。私たちを文京区本駒込の東洋文庫で驚愕させたあの完全個人情報付き目撃証言、あれはコザックが自分で集めたものだという。

しかしコザックが捏造していたということはありえない。なぜなら、コザックは目撃者に目撃の様子を直筆で書いてもらい、それを集めて教授のところに持っていったからだ。

教授はあらかじめ用意してあった書類の山の中からその目撃証言の原本の束を取り出し、私たちに見せてくれたが、たしかにそれぞれ異なった字体、異なったペンで書かれ、最後にはきっちりと本人の署名がされている。

つまり目撃証言はフェイクではないということだ。コザックは教授の下働きを忠実に務めていたようだ。

ではコザックはどんな人間だったのか。彼の撮ったビデオとは何なのか?

いよいよ核心部分である。

教授の本ではコザックはあくまでアシスタントとしてしか登場しておらず、彼自身がビデオを撮影したなどという話はひとことも出てない。しかるに世間では教授の本など誰も知らず、コザックのビデオのほうは世界中に知られているのだ。どういうことなんだろうか。

「あのビデオについて教えていただきたいんですが……」そう切り出すと、それまでトルコ晴れだった教授の顔はにわかにかき曇った。

「私はあれについては全然知らないんだ」教授は落ち着かない様子で答えた。

「つい最近まで見たこともなかった」

なんと。何か裏がありそうだとは思っていたが、ジャナの権威である教授がそれを知らないとは。

この本の出版は九六年七月である。そして翌九七年四月十五日に教授はユズンジュ・ユル大学を退官しイスタンブールに転居した。これは別にジャナ騒動から身を引いたわけでなく、老母の面倒をみる必要から、故郷に近くて便利な大都会のイスタンブールを選んだだけだという。

いっぽう、コザックが「決定的」なビデオを撮ったのは同年の六月。撮影の正確な日付はわからないが、ＣＮＮでニュースが配信されたのが六月十二日となっているから、同月上旬だと思われる。

トルコで最も発売部数が多い大衆的日刊紙「ヒュリエット」(六月二十二日付)にも大々的にコザックの撮影成功ニュースが掲載された。そのコピーを見せてもらったが、そこにはいちおう教授の本も写真入りで紹介されている。

しかし、教授は詳しい経緯は何も知らない。というのは、コザックから何も連絡がなかったからだ。連絡先もわからなくなっていた。

コザックが撮影に「成功」したのは、ジャナの共同調査者にして恩師である教授がワンからいなくなって二ヵ月も経たない頃だ。そしてそんな重要な発見を恩師に報告もしていない。

教授がコザックのビデオを見たのは一週間前、なんと末澤に教えてもらってからのことだという。

うーん……。コザック・ビデオはこの時点で限りなく黒に近い灰色になっていた。

教授はコザックが話題の中心になってからずっとつらそうな顔をしている。気の毒だったが、私もここまで来た以上訊かないわけにはいかない。

「コザックのビデオについてどう思います？」

すると、教授は視線をおとし、ポツリと言った。

「われわれの信条は〝誠実〟だとずっとコザックに話してきたんだ……」

教授は決して他人を悪く言わない人なのである。

他のビデオについても訊く。少なくとも五つの映像が確認されているようだ。

どうやら、まず世間に広まったのは、ワン在住のメルテムという電気技師が撮ったビデオらしい。だが、教授曰く「見ていない」。

次に怪獣を十数回撮影したという、「ミリエット」記者であるイブラヒム・イルハンが撮った映像については、「イルハン記者にコピーを送ってほしいと依頼したが、届かずじまいだった」。

他の三つは？　と訊くと、「あー、そうだな……。見てないな」と初めて気づいたように言う。

最初こそ私たちが「ビデオ、ビデオ」と言っていたから、ビデオから落とした画像を一枚用意して見せたが、実際は映像にも写真にも重きを置いてないようだ。

「写真や映像があれば存在する。なければ存在しない――そういう考え方は間違いだ。だって、昔は写真もビデオもなかったじゃないか。なのに、たくさんのものが存在した。ちがうかね？」と、大げさに手を広げ、ユーモラスに顔を傾けた。

教授は自著の目撃者一覧ページを広げながらこんなことも言う。

「わりと最近まで、ラマダン（断食）月の始まりと終わりは二人以上、証人がいればよかったんだ」

観察しやすい場所から三日月が初めて昇るのを見た人が複数おり、彼らがその時代のイスラム法学者に報告して、決定されたという。

「その証人が信頼できる人物なら、イスラムの重要な習慣でも二名で十分だったんだよ。ましてや、ジャナワールの目撃者はここに載せただけでも四十八人もいる。載せなかった人も合わせれば、何百人にもなる。それで十分すぎるだろう」

ここで初めて教授の、敬虔（けいけん）なムスリムらしさがうかがわれた。

教授はあくまで地元の人の言うことを大切にしているようだ。それだけは間違いない。そして四十八人の証人というのはたしかに心強い。みんな勇ましいヒゲ面で（トルコの男たちはみんなヒゲ面だけど）、こちらをまっすぐ見据えている写真（証明写真を使っているからだが）を見ていると、彼らが正義のために立ち上がった義士のようにもみえる。そう、数も近いし、なんだか赤穂浪士のような感じだ。

……と思っていたら、突然爆弾が飛んできた。

クルド人問題とジャナワール

教授が四十八人の「義士」を引き合いに自信を取り戻そうとしていたときである。

「それはおかしい」教授の隣に座っていた若者が突然、強い口調で言い出した。

当初から私は、若者たちが教授を慕っており、教授の門下生としてこの場に居合わせているとばかり思っていた。彼などは特に知的な顔つきだし、教授の隣にぴったりくっついているから側近だと思い込んでいた。その若者が異論を唱え出したんだから驚かされる。

彼はこっちをまっすぐ見ながらよどみのない英語で話した。

「ぼくはワン県の出身です。湖のすぐ近くにあるギュルプナルという町で生まれ育った。ぼくはそこに二十年以上住んでいたけど、ジャナワールなんて見たことも聞いたこともない」

われわれが唖然とするなかで彼は続けた。

「ぼくの一家はそこに五百年前から住んでいるんです。でもそんな話は一つも伝わってないんですよ。マスコミで話題になるまではね。だいたい、ワン湖はすごく透明で、きれいです。みなさんも知っているでしょう？　ワン湖の水はアルカリ度がすごく高いから石鹸がなくてもきれいになる。だからみんな洗濯や水浴びにしょっちゅう行くんだけど、ジャナワールなんて誰も見たことがないですよ」

私は呆気にとられた。いきなり教授の側近にして現地住民が完全否定？　どういうことだ？

すると教授は顔を赤らめて、「これだからワンの人間はイヤなんだ」と苦笑いした。

「ワンの人間は、目撃談を信じない。だから私も自分の本を見せないようにしてるんだ」

すると、若者がトルコ語で教授に何か激しい口調で言い、教授もそれにこたえて激しい応酬がはじまった。てっきり若い信奉者で結束を固めて迫ってくると思いきや、いきなり仲間割れだ。私は末澤と顔を見合わせた。

「何なんだ、これ？」

それまでビデオカメラに専念していた森が初めて口を開き、感心したように「教授は誠実な人ですねえ」と言った。たしかにそう言えば、そうだ。若者を頭ごなしに怒鳴ったりしない。同じ位置で一生懸命議論している。

末澤によれば、「存在の証明よりも不在の証明のほうが難しいんだ」というようなことを教授は言ってるみたいだが、明らかに押されている。誠実はいいが、負けちゃだめでしょ、教授。

しまいには圧倒されて沈黙してしまった教授は、あらためて私たちのほうに向き直り、英語で「いやはや、困ったもんだ」と肩をすくめた。若者はちょっと上気しているが、自信たっぷりな顔だ。彼の名前はネヴザット・チェリキ。フィリピンの大学院へ留学、社会学で「文化間対話」を専攻し修士号を取得、今は博士号をとるためにアメリカの大学へ留学する準備をしていると言っていた。年齢は三十歳だという。

しかしチェリキ青年が本物の爆弾を投げつけたのはそのあとだった。再び私たちをまっすぐ見つめて彼はこう言い放った。

「ジャナワールが話題になったのは一九九三年から九七年にかけてだ。その期間は、ちょうどPKK（クルディスタン労働者党）というテロリスト集団と政府軍の戦闘が激化し、何十万というクルド人が政府の圧迫を受けて、ワン周辺に移住していった時期だ。そういう深刻な問題から目をそらすために、政府がジャナワールの話題を持ち出したという説がある。そう言っている社会学者がいるんだ」

「つまりプロパガンダということですか？」末澤が軽い口調でいきなり核心をついた。

一瞬躊躇（ちゅうちょ）したように見えたがチェリキ青年ははっきり答えた。

「そうだ」

出た、クルド人問題。

「クルド」という民族名はイラク紛争ですっかり有名になった。クルド人は〝世界最大の少数民族〟である。クルド人居住地域をクルド人たちは「クルディスタン」と呼ぶが、イラン、イラク、トルコにまたがったこの地域の面積はフランスとほぼ同じと言われる。

クルドの総人口は誰も調べたことがないので不明だが、専門家の推定では二千万から三千万くらいとされており、一つの国家をなすのに十分な数だ。

トルコでは二〇〇四年の統計で全人口が約六千八百万人、そのうち一千万から二千万、つまり一五〜三〇パーセントがクルド人だと言われている。もっともトルコ政府はクルド人の存在を認めておらず、あくまでトルコ人の一種だとしている。

実際はクルド人とトルコ人はまったくちがう民族だ。言語的には日本語と英語くらい遠い。例えば、クルド人がトルコ人の足を踏んで「すみません」とクルド語で言ってもトルコ人には通じない。

トルコではつい最近までクルド語を公の場で話すことを禁じていた。学校で教えるのはもちろん、テレビやラジオでクルド語を流すのも数年前までタブーだったと聞く。もちろんクルド人も黙っていたわけではない。一九八〇年代にＰＫＫという組織が

「トルコからの分離・独立」を掲げて武装闘争に突入、トルコ東部は長らく半内戦状態にあった。米軍侵攻後のイラクのような状態と思えばいいだろう。

一九九九年、ＰＫＫ党首のアブドッラー・オジャランが逮捕され、戦闘は収束に向かった。とはいえ、今でもときおりイスタンブールをはじめとする観光都市で、爆弾テロが起きたというニュースが流れる。それらはおおむね「クルド人過激派の仕業」とされている。

トルコ東部は今はかなり落ち着いてきている。だから私たちもふつうにワンに行ったりできる。地図で見るとワンはクルド人居住域のど真ん中にある。今年（二〇〇六年）は爆弾テロでワンの街中で三人が死傷したらしいが、それだけにとどまっている。

クルド人問題はトルコにとって最大の問題となっているようだ。というのは、クルド人の権利を認めないことが「トルコでは民主主義が発達していない証拠」とされ、トルコ悲願のＥＵ加盟にとって最大の障壁の一つとなっているからである。

チェリキ青年が力説しているとき、教授の携帯電話が鳴った。教授はホッとしたようにいそいそと電話を手にして席をはずした。

私もこれ幸いと小声でチェリキ青年に訊く。

「君はクルド人か」

「そうだ」

「ワン湖周辺に住んでいるのはみんなクルド人なのか？」

「九九パーセントそうだ」

トルコでは下手にクルドの話題を出してはいけないということを私も知っている。だから教授が席をはずしたときに質問したのだ。

「ジャナワール騒動は民族問題から目をそらそうとする政府のプロパガンダ」——地元のクルド人がそう言っているというのは驚きだった。

実際にその説を裏付けるような事実関係が、他ならぬ教授の本にあったことを私は思い出した。

教授はジャナをマスコミがどう取り上げたか、ご丁寧にいちいち全部記録している。それによると、ジャナが頻繁にマスコミで取り上げられるようになったのは一九九五年後半からなのだが、特に印象的な事件がある。

十一月一日、ワン県のベスタミ・アルカン副知事が「実は私もジャナワールを見た」と公表したのだ。副知事はいっぽうで「ジャナワールの愛称を募集」という妙なことも行っている（結果的には何も愛称が集まらなかったようで、ジャナはそのままになっている）。

十一月一日はまさに「ジャナワール記念日」となった。

それまで日本でいうなら「東スポ」的ネタだったジャナが突如全国の注目を浴び、しまいには国会でも問題にされた。いったい何がどういうふうに「問題」になったのか不明だが、国会内に特別調査団が設けられるという異常事態に至ったと教授の本に書かれている。

国会でUMA調査団が結成されたのは世界初ではないか。誰も気づいてないが、トルコはUMA先進国なのだ。ともあれ、こんな事態も、この副知事の発言を受けてのことだった。では副知事とは何者か。

電話を終え、おもしろくなさそうな顔で席に戻った教授に、心の中でスミマセンと詫びながら追い討ちをかけるように訊くと、

「副知事は地元出身者ではなく、中央政府からの任命」とのことだった。

やっぱりそうか。

九五年にジャナ騒動の幕を切って落としたのは中央政府当局の人間だった。凄いことになってきた。ジャナは民族紛争収束のため、トルコ政府が仕掛けた壮大なヤラセだったのか⁉　ほんとうならトルコよ、おまえはUMA先進国すぎるぞ！　怪獣騒動収束は九八年というクルド紛争収束に近いのだろうか。私は興奮を押し隠しながら、訊いた。

「ジャナワール騒動はいつごろまで続いたんですか」

すると意外にも、教授も若者たちも顔を見合わせて「さあ……」と首を振っている。

「私は九七年にワンの大学を離れてイスタンブールに来てしまったからわからない」と教授は言う。それ以後、ジャナの研究から遠ざかったという。

若者たちも肩をすくめて「わからない」というばかりだ。

ただ、教授や他の若者たちの話を総合すると、どうやら九七年六月にコザックの映像が出たのをピークに、急速にジャナ熱は鎮静化していったようだ。

そして、その時期はクルドと政府の戦闘が収束に向かった時期ともだいたい重なるというのも事実であるようだ。

ジャナの政治的な使命が終わったということなんだろうか。どうも今ひとつ腑に落ちないのだが……。

「ワンでの記者会見の映像があるから、それをお見せしよう」と教授が言い、私たちは会議室を出て、隣の部屋に移った。

最新型のパソコン三台と、大きなモニター、スキャナ、プリンタなどが並ぶ、モダンなオフィスである。ここでも機器を扱うのはいかにも頭が切れそうなメガネのインテリ青年だった。

この「文化センター」はよほど金をもっているにちがいないと私は思った。さきほど出会った青年たちも、一人はフィリピンに、もう一人は中国に留学している。彼らの口ぶりではこのセンターから派遣されているような感じだった。

トルコ人はたいてい大らかで、教授も例外でないが、ここの若者たちはちょっとちがう。友好的だが口の利き方や身のこなしに隙がない。

教授がDVDのセットの仕方がわからずまごついていると、メガネの青年が自分の仕事を中断して、手伝ってくれた。青年のパソコンはソフトが閉じられ、壁紙（背景）になった。それはメッカのカーバ神殿だった。

やはり、ここは宗教の組織らしい。

私は若者たちを見て、アルカイダを連想した。彼らが危険思想の持ち主だというのでは全然ない。ただ、アルカイダでテロを画策している若者たちには、こういう頭がよくて、パソコンが得意で、自分の生き方を真剣に模索していて、しかし実生活ではあまり苦労したことがないという連中が意外に多いと聞いたことがあるからだ。

映像はただ挨拶が続くだけのもので、教授の本の版元がユズンジュ・ユル大学だったことがわかったくらいで、他には得るものは何もなかった。

得るものは画面以外のところにあった。

「あー、やっぱりそうですよ」と末澤が本棚を指差し、言った。「全部ヌルジュの教祖ヌルシーの著作やヌルジュ関係の本です」

私は無知なガイジンならではの特権で、教授に「ここはヌルジュの組織ですか？あなたはヌルジュの影響力のあるメンバーですか？」と直撃した。答えは両方ともためらいもない「イエス」だった。

「教授はほんとうはトルコでたいへん有名な人物なんだ」とチェリキ青年は先ほどとはうって変わり、敬意のこもった口調で言う。

「ジャナワールで？　それとも宗教的な意味で？」と訊くと、ジャナ否定論者の彼は苦笑したが、「教授は週刊のウェブマガジンで記事を書いていて、それは五十万人の人が読んでいるんだ」という。

「どんなことを書いてるの？」と訊くと、教授自ら、「待ってました」とばかりに、自分の記事をプリントアウトして見せてくれた。トルコ語もあれば、英語のものもある。

内容は「世界の破滅」から「オゾン層の破壊」「家族のあり方」まで多岐にわたっている。直接宗教に関わる話ではなく、一般人向けの啓蒙エッセイのようだ。

私は英語で書かれた「世界の破滅」をざっと読んだが、これがおもしろい。

それによれば、私たちが吸っている空気は大部分が窒素である。窒素はひじょうに緩慢なスピードで水と化学変化を起こし、猛毒の窒素化合物になる。もしこの化学変化がもっと早いスピードで進むようになれば、空には窒素が、海には水が満ちているのだから、われわれ生物はあっという間に死滅してしまう。世界の破滅だ。窒素と水の化学反応が緩慢だからこそ私たちはかろうじて生きている。人間は万物の霊長だなどと思っている人もいるが、実際にはこんな微妙なバランスのなかでなんとか生きているのである……。

そんな内容だった。

ひじょうにおもしろい。まず一般人に科学の知識を教える。そしてこの世界がいかに人間の力の及ばない仕組みで成り立っているのか——つまり人間は何もかもわかっているわけではないし、人間が万能なわけでもないと科学的に教えている。

前から末澤が「ヌルジュ派は宗教と科学の融合を目指している」と言っていたが、やっとその一端を実感することができた。

ジャナワール研究もその流れで考えれば腑に落ちる。

教授は言う。

「この世界で人間が知っていることなどごく一部にすぎないのだ。自分たちこそ万物の霊長だと思い込んでいる人間が環境を破壊し、世界を壊そうとしている。実際にはこの世の中、人類にはわからないことだらけなのだ。ジャナワールみたいなものもいるかもしれない。それをきちんと認識しなければならない」

イスラムもアッラーも出てこないが、明らかに宗教思想家の弁である。

しかし、どこかで聞いた話だな。誰に聞いたんだっけ……と記憶の糸をたぐって私は驚いた。

そうだ、科学ライターの本多さんだ。驚いたことに、私にジャナワール探しを勧めた、UMA原理主義者・本多さんの思想と教授の思想はぴったり重なるのだ。

本多さんは「ぼくは神につば吐く男」と自称するように宗教嫌いを自認している。宗教といっても、対象はもっぱらキリスト教だ。それはクリスチャンが「聖書に登場しない動物は認めない」「神がつくった人間がいちばんえらい」というスタンスを意識的・無意識的にとっていて、世界中にその考えが広まっているからだという。本多さんは「人間がなんでもいちばんえらいという考えが地球を滅ぼそうとしている。そんな人類の驕り（おごり）を吹き飛ばすためにもUMAが見つかってほしい」と常々語っている。敬虔な信仰者とゴリゴリの無神論者が、百八十度反対のアプローチで同じ地点にたどり着くという事実は私をほとんど感動させた。

先生は私たちにトルコ語の原本を一冊くれた。

「これは数少ない初版本で貴重だが、あんたがたも貴重だ。だから、一冊進呈（しんてい）しよう」と、大げさに言い、にっこりと人のいい笑顔を浮かべた。

教授との会見で、私の予想していたとおり、ウナル・コザックのビデオはかぎりな

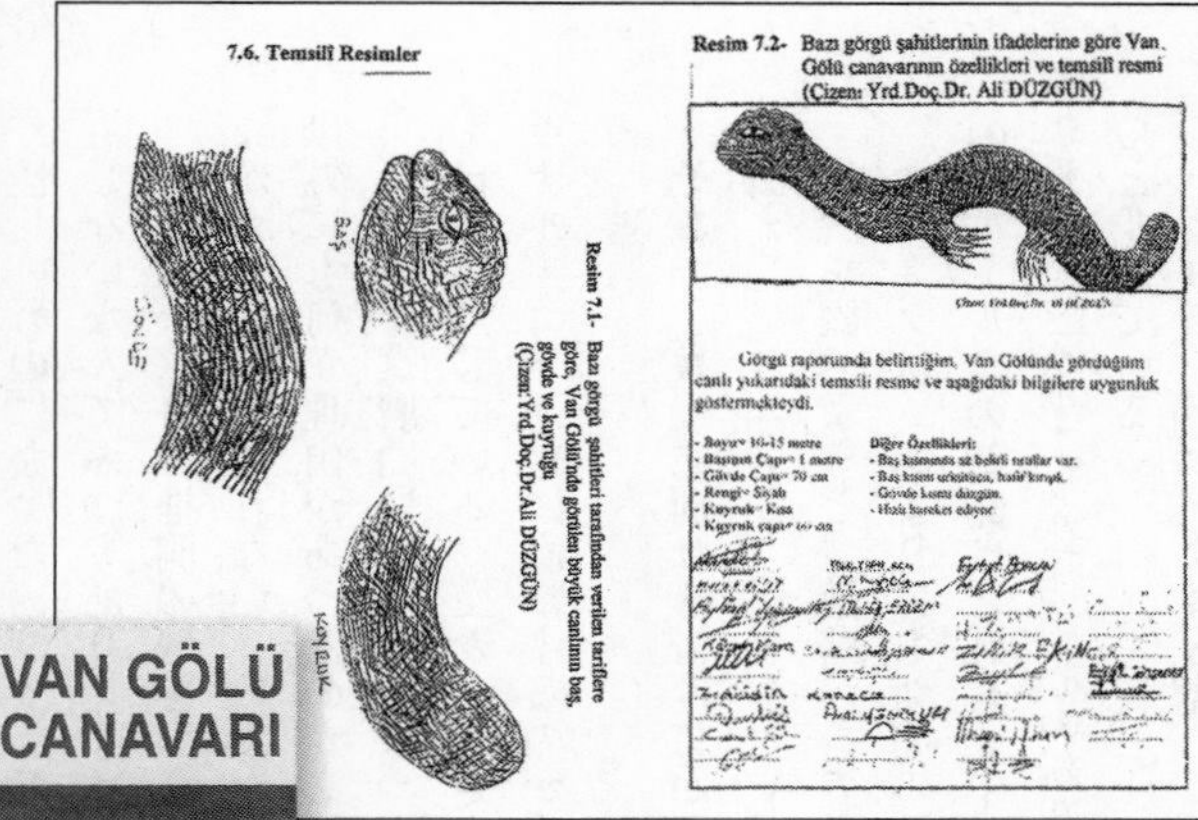

7.6. Temsilî Resimler

Resim 7.1- Bazı görgü şahitleri tarafından verilen tariflere göre, Van Gölü'nde görülen büyük canlının baş, gövde ve kuyruğu (Çizen: Yrd.Doç.Dr.Ali DÜZGÜN)

Resim 7.2- Bazı görgü şahitlerinin ifadelerine göre Van Gölü canavarının özellikleri ve temsilî resmi (Çizen: Yrd.Doç.Dr. Ali DÜZGÜN)

Görgü raporumda belirttiğim, Van Gölünde gördüğüm canlı yukarıdaki temsili resme ve aşağıdaki bilgilere uygunluk göstermekteydi.

- Boyu= 10-15 metre
- Başının Çapı= 1 metre
- Gövde Çapı= 70 cm
- Rengi= Siyah
- Kuyruk= Kısa

Diğer Özellikleri:

VAN GÖLÜ CANAVARI

Prof. Dr. Mustafa Y. NUTKU
Ünal KOZAK

上｜ムスタファ・ヌトゥク教授、ウナル・コザック著『ワン湖のジャナワール』に掲載されていた、ジャナワールの想像図

左｜『ワン湖のジャナワール』書影

「真夏の冬」事件を報じる新聞記事。写真はガイドのエンギン（「テュルキエ」2005年7月23日）

Temmuzda kar sürprizi!

VAN (İHA) - Türkiye'nin büyük bir bölümü yaz sıcaklarıyla kavrulurken, Van-Ağrı karayolu üzerinde bulunan Tendürek Geçidi ve çevresinde kar yağdı. Bölgeden geçen turistler temmuz ayı içinde kar topu oynama keyfini yaşarken, bölgedeki tepelerde otlayan hayvanlardan bazıları telef oldu. Gezi amaçlı bölgeye gelen yerli ve yabancı turistler, Van'dan Doğubayazıt ilçesindeki İshak Paşa Sarayı ve Meteor Çukuru'nu ziyaret etmek için kullandıkları Tendürek Geçidi'nde karşılaştıkları kar manzarası karşısında şaşırdı. Kar sebebiyle Tendürek yaylalarında otlatılan hayvanların bir kısmı telef oldu, bazıları da donma tehlikesi geçirdi. Vatandaşlar, donma tehlikesi geçiren hayvanlarını kurtarmak için yaylalara akın etti. Doğubayazıt'ta Karases köyü sakinlerine ait tarım arazilerinin büyük bir bölümü ise sel suları altında kaldı. > İhsan Öztürk

目撃証言とともに熱心に語るヌトゥク教授

く怪しいものになった。ジャナの決定的な映像を撮ったのにこんな立派な恩師に連絡もしないなんてふつうありえない。

だが、これとて推測の域を出ない。もしかしたらその前に彼と教授はうまく行ってなかったのかもしれない。教授がワンの大学を離れたのも、老母の面倒を看るという以外にも何か理由があったのかもしれない。

ビデオの真贋（しんがん）問題が端緒となったことからわかるように、今回私は「推測の禁止」を自分に課している。だから、さらに決定的証拠を得るために前進する必要がある。ウナル・コザックに直撃するのが手っ取り早いのだが、教授は居場所を知らないという。

そこで、教授に別れを告げてから、私たちは彼がかつて特派員を務めていた新聞社「ザマン」を訪問してみることにした。

住所を調べようと、道路わきのキオスク（雑貨スタンド）で「ザマン」紙を探した。キオスクは、あまりにも新聞の数が多くて驚かされた。日刊紙が二十も三十もあるのだ。トルコの新聞はどれもオールカラーで派手派手しい。クオリティペーパー（高級紙）からスポーツ芸能中心の新聞までが、はっきりと区別されることなく、ずらずらと並んでいる。

その中でもザマンは落ち着いた配色で、女の子の水着写真もないし、大衆紙ではないとわかる。高級紙と言っていいのかわからないが、末澤によると、「保守系で宗教色も濃い」という。つまり、「古きよきイスラムとトルコの伝統を重んじる」というスタンスのようだ。

なぜか紙面に住所が記されていなかったので、文化センターの付近でてきとうに何人か人を捕まえて訊くと、旧市街のかなり郊外にあることがわかった。私たちは苦労してバスを乗り継いで教えられた場所に行った。

ザマン本社は警備が厳しかった。サングラスをかけ、銃を腰に吊るしたセキュリティの男たち三人でわれわれの行く手を阻んだ。アポイントがないと、門から中に入れてもらえないのだ。建物にもたどりつけない。

「ウナル・コザックという、十年前ここの記者だった人の居場所を知りたい」と言うと、「なんだ、この胡散(うさん)くさい連中は」という顔で手を振る。まさに門前払いというところで伝家の宝刀を抜いた。

「私たちはワン湖のジャナワールを探しに来た」と言うと、コワモテのセキュリティたちがいきなりプッと噴き出した。

「日本から？　ジャナワールを探しに？　本気で？」というとまた爆笑。笑いながら、彼らは「わかった。中に聞いてやるから待っててくれ」と内線電話をとりあげた。

イスタンブールに着いてから、「ジャナワールを探しに来た」というと、ホテルでも旅行代理店でも、どこでも大笑いされている。ジャナが本場トルコではお笑いのネタにすぎないというのが悲しいが、逆にいえば「ジャナ探し」が万能のカギのようにどこでも通じてしまう。

さて、ザマンの門番が内線で聞いてくれたところによると、「ウナル・コザックは五年前に社をやめ、今はワンの町で学校の先生をしている」とのことだった。

ちょっと意外な気はしたが、コザックは専攻が教育学だから、教師になっても別に不思議はないのである。もしかしたら、あのビデオで大儲けして、イスタンブールや外国に出たかもと思っていたが、故郷のワンでささやかに暮らしているようだ。

それならば話は早い。あとはワンへ行くだけである。

ワンに行けばすべてわかるだろう。コザック・ビデオの謎も、地元民がジャナの存在を信じていない理由も、そしてそれにもかかわらず、確実に四十八人もの目撃者がいるという矛盾も。

第2章
ジャナ、未知の未知動物に昇格

ワン到着

イスタンブールからワンまで、飛行機の飛行距離表示では千三百キロ。東京から奄美大島くらい離れている。二時間半のフライトが終わる間際、飛行機は大きく旋回した。極度に乾いた大地とマリンブルーのワン湖が見えた。

やがて飛行機は高度を落とし、私と森と末澤は無事にワンの空港に到着した。タラップを降りると、土ぼこりが舞い立った。空港というより飛行場と言ったほうがぴったりくる。他に飛行機はないし、人も少なく、建物は小さい。

末澤が「あー、アフガンのカブールの空港によく似てるなあ」とマニアックな感想を述べた。空が青く、周囲に岩山が屹立し、緑はもっぱら人間の手で植えられたポプラのまっすぐな木ばかりというのが同じだという。ついでに空港の閑散とした雰囲気も。

「高野さん、暑いじゃないですか」森が日差しを手でさえぎりながら口をとがらせた。

「あー、ほんとだ、暑いねえ……」

飛行機に乗っているとき、「ワンは標高千六百メートルもあるからけっこう涼しいよ」と私は他の二人に先輩顔で説明していたのだが、まったくの記憶違いだった。イスタンブールより直射日光がきついくらいだ。

空港を出る頃になると、さすがに記憶がよみがえっていた。手際よくタクシーをつかまえ、去年泊まった安宿へ躊躇なく向かう。二十二リラ、日本円で約千九百円である。

宿はシングルを三つとった。一人七リラ（約六百円）、トイレ共用ながら、部屋もベッドも大きく、しかも二階には喫茶室もあってそこで打ち合わせができるという、ある種、理想の安宿だ。

実は夜になると、真向かいにある結婚披露宴会場で毎晩どんちゃん騒ぎが夜中まで繰り広げられ、そのためにここの宿は数少ない旅行者に不人気であることを私は知っていたが、二人の仲間は「安いし、部屋もいい」と喜んでいるので、彼らの楽しみを夜まで引き延ばしてやろうという親心で何も言わないでいた。

ワンの人々の親切さも前と同じだ。ロカンタ（食堂）で昼飯を食べようとすると、店の従業員が次から次へと現れ、「あんたら、どこから来た？　え、日本人？　そうかそうか」とにこにこ顔。しかも一人ひとりが「これはオレのおごりだ」「これは僕から」と、サラダ、アイラン(トルコのヨーグルトドリンク)、デザートの甘い菓子をもってきてくれた。

「これだけでワンの好感度は一五〇パーセントアップですねえ」嬉しそうに森が言う。

「トルコの田舎はほんとにいいですね」末澤もうなずいた。

去年世話になった、ガイドのエンギンに連絡をとる。「夕方六時からなら会える」というので、それまでは自分たちだけで町や郊外をぶらつくことにした。ウナル・コザックの勤め先とされる学校らしきものを探したり、ワン湖のほとりにある、ヌトゥク教授やコザックが在籍したユズンジュ・ユル大学にも行ってみることにした。

到着早々、ホテルや街角で出会った十数人もの人にジャナワールのことを訊いたが、反応は基本的にイスタンブールの人間と同じだった。

空港から乗ったタクシーの中年の運転手は「そんなもん、いないよ」と素っ気無い。

三十歳というホテルのフロント係の男は、「ジャナワール? オレは信じてないね」「七年前に初めて聞いた」と朗らかに笑った。

ワン随一の目抜き通り、ジュムヒュリエット通りで雑貨屋のおじさんにウナル・コザックが勤めているという学校を訊ねたら、「僕が連れて行ってあげる」と通行人の兄ちゃんにトルコ人特有の強引な親切さで市内のあちこちを引きずり回された。

その兄ちゃんもジャナワールについては「ははは、あれは終わったよ」と笑い飛ばした。「終わった」とは何のことかわからないが、相手にしてないことはたしかだ。

親切兄ちゃんの道案内はまことに要領をえず、学校へ行くはずが、紆余曲折（うよきよくせつ）を繰り返した果てに、かなり郊外にあるワン県の教育関係の施設に来てしまった。

せっかくなのでパソコンでワン県全体の教員名簿を検索してもらったが、「ウナル・コザック」の名前は見つからなかった。コザックはどうやら、もうワン県の学校にはいないらしい。

つきまとう親切兄ちゃんを振り切って別れたはいいが、バスは本数が極端に少ないうえにタクシーも通っていない。しかたなくヒッチハイクしようと道端で手をあげたら、最初の車が止まり、快く乗せてくれた。運転手のおじいさんは、七十一歳だという。

「生まれてからずっとここに住んでいるが、ジャナワールなぞ一度も見たことはない。あれはインチキだ」と静かに断言した。

これまた市内から十キロほど離れたユズンジュ・ユル大学では、ワン湖の岸辺で釣りをしている学生がいたので話しかけると、「ここにはインジ・ケファリしかいないよ」とやさしく微笑んだ。

ワン湖は、水の塩分濃度が高いことに加え、アルカリ度が極度に高いからだというが、琵琶湖の五倍以上もある巨大湖ながらなんと魚が一種類しか確認されていない。それがインジ・ケファリと地元で呼ばれるコイ科の魚だ。体長約二十センチ、「モロコやウグイに近い」と魚に詳しい森は言う。現地ではオリーブオイルでフライにして骨ごと食べる。骨ごと食べられる程度の大きさなのだ。

小さい魚がたった一種類しか棲めないような湖に巨大生物が生息できるわけがない——。これがジャナワール否定論者による最大の根拠の一つであり、UMAファンにとっては悩みの種になっている。

さて、ジャナワールと訊かれ唯一「いる」とこたえたのは、大学まで往復を頼んだタクシーの運転手（五十一歳）だった。

「私の父が水牛みたいに大きいものを見た」と言うが、よく訊けば、それは五十年前の話だそうだ。ほとんど昔話である。しかも彼はジャナワールより「アルメニア王国が隠したビザンツィン帝国の財宝」とやらに夢中だった。

トルコは古代からさまざまな民族が王国を打ち立ててきたから、国中が遺跡だらけである。ワン周辺にもまだ発掘されてない遺跡が山ほどあり、そこにはお宝が眠っているというのだ。

「本当は禁止されてるが、外国からもいろんな連中が来て掘ってるよ。中には一トンの金を見つけたやつもいる。おれも頑張って掘ってるが、まだ出てこない。マキナ(機械)があればすぐ見つかるんだがな。マキナがな……」と運転手はずっとマキナ、マキナと繰り返した。

花より団子、怪獣より宝ということか。

「おい、去年はあのあと、新聞にぼくたちの写真が出たんだぞ。見たか?」

それがホテルに現れ、一年ぶりに会った現地ガイド、エンギンの第一声だった。

「見たよ。オレより君のほうがずっとでかく写っていたけどな」

私がそう言うとエンギンはガハハと陽気に笑った。Tシャツがパンパンに張り出し、相変わらず健康に肥えている。西郷さんを思わせる太い眉毛とどんぐり眼も健在だ。

エンギンには電話でジャナワールの調査をすると伝えてあった。せっかちな彼は、喫茶室に腰を下ろしてまだこちらが何も言わないうちから、「ぼくの知り合いがジャナワールの最新のビデオ映像を撮ったんだ」と言って、その場で携帯で電話をかけた。話し終わると、

「オーケー。向こうは『金をとる』と言ったけど、『客じゃなくて友だちだからダメだ』って言ったら、『金はいらない』ってことになった。明日見に行こう」

と話をどんどん進める。

去年は「ジャナワールなんてガセネタだ」と笑っていたのがウソのようだが、もちろん、急に存在を信じるようになったわけではなかろう。彼はプロのガイドで、しかも驚くくらいサービス精神にあふれた男なのだ。自分が信じる信じないはさておき、客の関心、ひいては自分の収入につながることには敏感なのだ。ただ少しせっかちなところがある。

「おいおい、ちょっと待ってよ」

さえぎって、一から順序だてて話をする。まずヌトゥク教授の本を見せた。

四十八人の義士ならぬ目撃者の写真と証言を見て、

「えー、これ全部、名前と住所と電話番号が載ってるよ!」とエンギンも驚いていた。現地の人間も驚くくらいなのだ。いかにヌトゥク教授の本が「奇書」か証明されたようなものだ。

私はエンギンに「住所の場所」を訊ねた。私たちはワン湖周辺の詳細な地図を持っていないから、住所が書かれてあってもそれがどこだかわからないのだ。

一つ一つエンギンに問いただすと、それは大きく三ヵ所に分けられることがわかった。ワン県の県庁所在地であるこのワン市の市内および郊外、それからワンから南西に十五キロほど行ったエドゥレミットという町、そしてワンから北に百キロほど行ったエルジシュという町だ。

ウナル・コザックは所詮は学生記者にすぎず、手近に行けるところしか取材できなかったのだろう。村落部はすべて抜け落ちているし、エルジシュ以外の湖の北岸と東岸の記録も一切ないことがわかった。

森、末澤、エンギンが注視するなか、時間と予算をやりくりしつつ、調査に欠かせない要素を選んでスケジュールをつくる作業はなかなかプレッシャーだったが、結局、最初の三日間はワン市内でウナル・コザックと目撃者を探して話をきき、それから三日かけて湖を一周しながらすべての村と町で聞き込み調査を行う、ということになった。

車とドライバーは昨年と同様、ジャーナリストを兼ねているイヒサンに頼むことにした。彼はエンギンの呼び出しですぐにホテルに駆けつけてきた。思慮深い眼差し、日焼けしたなめし革のような肌、手入れの行き届いた口ひげ。挨拶してソファに腰を下ろすと、落ち着いた仕草でタバコをパッケージから引き出し、深々と吸う。相変わらず渋いおじさんだ。

彼に教授の本の目撃証人欄を見せたら、なんと重要な証人本人を二人「直接知っている」ということだった。彼はマスコミ各社に顔がきき、去年まる一日、一緒に過ごした経験からも、たいへん誠実で土地を隅々までよく知り、しかもジャーナリストの動きを心得ている人物だとわかっていた。エンギンとは八年もコンビを組んでおり、呼吸もぴったりだ。

彼は「明後日から政府関係の仕事が入っている」と初めは断ったが、私たちが「どうしても」と頼むと、あちこちに電話して代わりの人員を探し、結局私たちと一緒に行ってくれることになった。

よっしゃー！ これでばっちりだ。ワンでは彼ら以上のスタッフはいない。

いよいよ明日から本格的な調査である。

コザック映像の真実

予想通り、昨夜は向かいの結婚披露宴がやかましかったが、朝はさわやかに目覚めた。

シャワーを浴びると、他の二人と連れ立って朝食。パン屋で焼きたてのパンを、チーズ屋でハーブ入りの白いヤギチーズを、ハチミツ屋でハチミツをそれぞれ買い、戸外のチャイハネ（お茶屋）で食べる。これがものすごく旨い。「おーい！」と誰かに叫びたいくらい旨い。外だから気分もいい。もちろん安い。

チャイハネは低い腰掛けに低くて小さいテーブルを使っている。東南アジアによく似ているが、東南アジアのように竹ではなく、木とタイヤを細く切って紐状にしたものか布を組み合わせて作っている。竹がないからだろう。いつもとちがう地域に来たんだなと実感する。

午前十時から取材開始。

最初は四十八人の義士のうち、証人番号「三十六番」の電気技師のアドナン・メルテム。ヌトゥク教授の本によれば、コザック・ビデオ以外に、ビデオ撮影に成功したという人が三、四人いる。数字が曖昧なのは、「ビデオに撮った」という人のうち何人かは同じビデオに関わっている可能性があること、それから「撮影」と書かれているものの、それが写真なのかビデオ映像なのかわからない場合があるからだった。最初に会う予定であった三十六番メルテム氏のそれは明らかにビデオとわかるもので、トルコ全土に配信されたという。コザック・ビデオ以外では最も有名らしい。ジャーナリストであるイヒサンが直接知っているというのですぐアポがとれたのだ。

メルテム氏の証言は四十八の証言の中でも瞠目(どうもく)すべき内容である。

「ワン湖の生物が、仲間うちで評判になってからというもの、私は車でワン湖岸線をドライブしながら現地の知人に会い、湖でこの生物を見たら私たちに連絡できるようにと電話番号を渡しました。まずエルジシュから連絡が来ました。カディールとアヴニという名前の友人と一緒にカメラをもってすぐそこに駆けつけました。生き物を目撃した人は多数いましたが、われわれは撮影をすることはできず、関連情報だけ入手してまた戻りました。

それからワンのイスケレ地区で目撃されたという知らせを受け、またすぐそこに向かいました。そして何かが水面で動く様子を二十〜二十五分ほど観察し、戻りました。一九九五年十二月二十五日朝八時ちょうど、MTA（筆者注：エネルギー省の鉱物資源調査庁）支所の前でこの生物が目撃されたという知らせを受け、またすぐそこへ向かいました。そして今度は岸から三百〜四百メートル離れたところにいた湖の生物を一時間近く仔細に観察し、カメラで映像を撮りました。それから『アナトリア通信』に、そしてアナトリア通信を介して『インタースターTV』へビデオテープの放映権を渡しました。われわれは任務を果たしました。すでに任務は調査機関のものです」

メルテム氏とは別に、カドリ・エルユラルという、やはり「電気技師」という人物が目撃証言を書いている（証人番号二十番）。友人の名前、目撃地点などが同じことから、一緒に目撃・撮影したことはまちがいない。

エルユラル氏の証言によれば、最初にエルジシュの町に駆けつけたときは、目撃者が百人もいたという。そして、いちばん重要なビデオ撮影をしたMTA支所での目撃では、こう書いている。

「二、三人の人が観察していました。真っ黒な体長十〜十五メートルと見られるこの生物は、しばらくの間、〇・五メートルほど水上にも姿を見せ、再び水に潜りました。一時間ほどそこに留まってビデオカメラでそれを撮影しました」

コザック・ビデオ以前にはこのビデオ映像がいちばん有名になったもののようだし、証言者が二人いる。目撃された生物も大きさからしてインパクトがある。

イヒサンが知っているメルテム氏を直撃してみよう。運がよければ映像が見られるかもしれない。

ワン市内の商店街を歩く。メルテム氏は「電気技師」と称しているが、実際は家電製品店の経営者だという。一言で言えば、街の電気屋さんだ。店に行くと、従業員が「今はオフィスにいる」と教えてくれた。

電気屋さんのオフィスって？　と疑問に思いつつ、イヒサンたちのあとを追った。ワンの町は小さいから、たいていの場所は歩いて行けるし、車ならすぐに着く。

何の変哲もない古いビルの二階に足を踏み入れて驚いた。皮革、木材、漆喰（しっくい）という素材の匂いが新しかっただけではない。大きなトルコ国旗が仰々しく飾られた部屋に、これまた仰々しいでっかい机に座って、仰々しい表情でこちらを見ている人物がいた。

取り巻きらしい五、六人の男たちがうやうやしく、その人物のまわりに控えている。

これがアドナン・メルテムだった。彼は政治家になっていた。

ＭＨＰという政党のワン県代表だという。

予想外の成り行きに唖然とした私は、隣の末澤に「ＭＨＰって何だ?」と日本語で小声で訊いた。

「民族主義者行動党と訳されます。極右です」末澤もひそひそ声で答えた。

極右⁉

私はこれから講演でも始めそうな雰囲気のメルテム氏を見た。喋る度にわざとらしく眉を上げ下げし、身振り手振りも大げさで、まるでコメディ役者が政治家のパロディをやっているようだ。

目撃証人としては、人間の信憑性（しんぴょうせい）C級といったところか。

ガイドのエンギンはしかし、地元の大物相手だけに畏（かしこ）まった面持ちで「この人はワンでも名家の出身でとても裕福な人だ」と英語で私たちに説明した。

メルテム氏の目撃談はヌトゥク教授の本に書かれたこととほぼ同じで、何も新味はなかった。ついでに言えば、目撃者本人が語る独特の臨場感というものもなかった。身振り手振りは大きいが、明らかに話を早く切り上げたがっていた。実際目撃談はすぐ終わってしまった。だが、おもしろいのはそこからだった。彼はこう言うのだ。

「私はビデオをベスタミ・アルカン副知事のところに持っていった」

お、ジャナワール騒動を全国問題にまで発展させた人物じゃないか。しかし、どうして当時は一介の電気店主だった人が副知事にすぐ会えるのか。どういうパイプがあるのか。

私の疑問にメルテム氏はいささか得意気に答えた。

「当時、ベスタミ・アルカン氏はＭＨＰのワン代表だった。私はその下で党員をやっていたから、当然彼のところにいちばん先に持っていったわけだ」

なんと。副知事も極右か。

ということは、本格的なジャナ騒動は、十一月にたまたま極右の副知事が目撃談を公表して始まり、十二月にはその手下であるメルテム氏がたまたまビデオ撮影に成功して、熱狂を頂点にいたらしめたってことか。

「ジャナワール騒動は、クルド問題から目をそらさせるための政治的ヤラセ」という、イスタンブールのチェリキ青年の言葉がよみがえる。

トルコ極右の最大の目的はクルド民族運動排斥だろう。そんな連中がたまたま一貫してジャナ騒動の中心を担っている……。

ビデオテープはテレビ局に三千五百ドルで売ってしまって、もう手元にはないという。そんな貴重な映像をダビングもしていないということがきわめて不自然だし、この人物の人間的な印象も話しぶりも芳しくないことははなはだしい。

「三千五百ドルとは大儲けしましたね」私が皮肉気味に言うと、

「そんな大した金じゃない。パーティや旅行ですぐなくなってしまったよ」とメルテム氏は冷笑した。

「メルテムさんはお金持ちだからな」エンギンがすかさず補足する。

「もっとも」と、また芝居っ気たっぷりにワイシャツの襟元をピッと直しながらメルテム代表は言う。

「私たちがもらった映像代の額に目が眩んだ人間もいる。ウナル・コザックとかね」

「え、ウナル・コザックの映像は本物じゃないんですか?」私が訊くと、メルテム代表はここぞとばかりに声を高めた。

「コザックは大ウソつきだ。あいつは玩具を水に浮かべてビデオに撮り、あとで警察に拘束されたんだよ」

ええーっ⁉　コザックがヤラセで、警察に拘束？

メルテム代表と取り巻き連中たちは、みんなして大きくうなずいた。

限りなく灰色だと思っていたが、コザックは真っ黒だったってことか……。

私は自分が核心に迫りつつあるのを感じた。

これ以上訊くことはなかったので、息苦しい彼のオフィスから退散することにした。

次に向かったのは「アナトリア通信」だった。メルテム氏のビデオを仲介し世界に発信したというから、ビデオがなんとか入手できないか一応訊いてみようと思ったのだ。

偶然ながら、われわれの運転手イヒサンがジャーナリストとして所属しているのも「アナトリア通信」だ。昨年、私たちが体験した「真夏の冬」事件もこの通信社から各紙、各局に配信されていた。

四、五人が忙しく立ち働く支局のオフィスは、広々としてモダンだった。トルコに来てからずっと思うのだが、大都会イスタンブールも地方の小都市ワンも、オフィスはどこでも見事なくらいヨーロッパ風である。私たちは支局長に面会を求めた。

ブルーのシャツに赤いネクタイを締めた銀髪の支局長は、金色の万年筆を指揮者のタクトのように振り回し、いかにもベテランのジャーナリストという雰囲気を醸し出していた。どうも、こちらの人は、日本以上に自分の役割というのを過剰に意識している感がある。

支局長によれば、たしかに十年前、アナトリア通信でビデオをメルテム氏から買ったという。現在、ビデオはイスタンブールか首都アンカラの本社のどちらかにあるだろうが、詳しいことは何もわからない。探すのは困難で時間がかかるだろうとのことだった。

まあ、それは予想していたことだったので諦め、とりあえず礼を言った。そして、「ウナル・コザックのビデオが実はフェイクで、彼はあとで警察に拘束されたという話は知ってますか？」と訊ねた。

支局長はそれがどうしたという顔でうなずいた。どうやら、ここでは周知のことらしい。

「詳しい話を知りたいんですが」と言うと、

「それなら『ザマン』に行けばいい。ウナル・コザックはザマンの記者だったんだから」

もっともである。

狭いワンの町では、マスコミも固まっている。多くはアナトリア通信と同じジュムヒュリエット通りに面する建物内にオフィスがあり、ザマンの支局にいたっては同じ建物の同じ階だった。

アナトリア通信の半分ほどの大きさのオフィスでは、小太りの気のよさそうな男がデスクにどんと座っている。いかにも「デスク」という感じである。

ジャナの取材をしていると自己紹介したあと、ウナル・コザックについて訊ねた。

「あー、あいつがヤラセをやったのは本当だよ。仲間たちと一緒に玩具を買って水に浮かべたんだ。それがわかったからクビにした。警察に突き出したりはしなかったけどね」

あー、ついに、「コザック・ビデオはフェイク」という説を決定的に裏付ける証言が出てきた。

「どうしてフェイクだってわかったんですか?」私が聞くと、なぜかザマンの〝デスク〟は腹を揺すって笑い出した。そばで聞いているトルコ人はみんなで大笑いしている。少し遅れてエンギンが通訳してくれた。

「玩具屋からこのオフィスに電話がかかってきたからなんだ。『ウナル・コザックに頼まれて怪獣の玩具を作ったんだけど、お金を払ってくれない』ってね。テレビで映像が流れた二、三日後らしい」

まったくどうしようもなく間抜けな話で私たちも失笑してしまった。

デスクによると、彼らは自紙であるザマン紙に「本社の記者がでっちあげ映像をつくった」という記事を書いたという。他にも同じ内容の記事を書いた新聞があると名前をあげた。

クビを宣告されたウナル・コザックは黙って支局を去っていったという。

これでもう確定である。

世界のＵＭＡファンを驚嘆させ、今でもジャナに熱い期待を持たせているあのビデオは、こんなアホらしい一件だったのか。

よくよく考えると、コザックがワンの町で怪獣の玩具を特注して本名も教えていたというのはちょっと変である。玩具屋から電話を受けたという記者が現在イラクに取材に行っていて不在というのでそれ以上詳しいことはわからなかったが、私が想像するには、玩具屋もコザックの仲間だったのではないか。それが金の配分とか何かで仲間割れをおこし、勤め先に密告した――。そういう筋書きじゃないか。

ウナル・コザックの今の居場所は？　と聞くと、イスタンブールで聞いたのとまったく同じものだった。実は、イスタンブールのザマン本社の門前で待っていた私たちに届いたその情報は、ザマン本社の記者がこのワン支局のデスクに問い合わせて、私たちに伝えられたものだった。

私が「コザックはもうワンで教師はしていないようですよ」と言うと、デスクは「じゃ、わからない」と肩をすくめた。

マスコミ・ビルをあとにし、ジュムヒュリエット通りに出た。私たちはしばらく黙って歩いていた。

「どうします？　コザックをもう少し探します？」沈黙に耐えかねたように、末澤が訊いてきたが、私はしばし考えて答えた。

「いや、いいだろう」

もう答えは出ているのだ。

コザック・ビデオはヤラセであった。しかもそれはトルコ全国に公表されていたのだ。

イスタンブールでもワンでも、なぜあれだけ多くの人が、「ジャナワールなんていない」「インチキだ」と鼻で笑ったのかも、今になってようやく腑に落ちた。

ジャナはビデオに撮られマスコミが熱心に報道したものである。本来ならもっと信じているという人が多くてしかるべきだ。それに「よく知らない」「よくわからない」「さあ、いるのかもねえ」という人すらいなかった。私だって、ネッシーについて訊かれたら、信じてなくても、「いない」とは断言しない。「さあ、いないんじゃないの」くらいのところだ。

それが、誰も彼もが「ノー」と言う。ひとえにウナル・コザック演出のフェイクのおかげなのだ。

ネッシーの有名な写真の一枚がヤラセだとわかって「ネッシーは実はウソだった」という人が日本でも激増した。それは科学的・論理的に明らかな間違いなのだが、そう信じてしまう人はほんとうに多い。

ジャナはそれと同じことをもっと強烈に食らったのだ。

なまじビデオがセンセーショナルだっただけに、それがヤラセと判明したとたん、ジャナに関するすべてがインチキだとトルコ国中に広まってしまったのだ。直接新聞を読んでいない人でも「ジャナ＝インチキ」という短絡形で頭に刻み込んでしまったのだ。

コザック・ビデオ以後、急速にジャナ騒動が鎮静化しているのもこれで納得がいく。「あれは終わった」とはこのことだったのだ。

日本や世界各国では、ウナル・コザックは今でもジャナ・ブームの火付け役として知られているが、実は本国トルコでは火消し役だった。

ウナル・コザックは今、どこで何をしているんだろう。記者をクビになったあと、教師になれたこと自体すごいが、結局それも辞めている。あれだけ有名な事件を起こしてしまっては教師を続けるのも困難だったのかもしれない。いや、教師を辞めても、他の町に出ても、ウナル・コザックという名前と顔は、あの有能にして冷血なインターネットであまねく知れわたっているのだ。一生、「あのヤラセの男」というレッテルがついてまわるにちがいない。

ヌトゥク教授の下で地道にせっせと目撃証言を集めていた青年にどうしてそんな魔がさしてしまったのかわからない。

私はウナル・コザックにいくばくか同情の念をいだいたが、ジャナ問題自体を闇に葬ってしまった罪は重いとも思った。

私は「ウナル・コザックのビデオが本物かフェイクか突き止める」という当初の目的をきっちり果たした。自分ではフェイクだと思っていたから、なおさら満足なはずだが、実際にはそうでもなかった。

結論を出したというより、スタート地点に立ったという気がするのだ。

ジャナには、民族問題とか極右とか単なる金儲けとか観光客誘致とかマスコミの無責任な報道とかネットの無節操な伝達とか、まつわるものが多すぎる。

ジャナは偏見にさらされて、正体が見えにくくなっている。いや、正体といっても、実在するかどうかわからないから「実体」というべきか。政治もヤラセも抜きにした「実体」である。

我ながら意外なことに、有名なコザック・ビデオのフェイクを確認した時点で、私は日本にいたときより、俄然（がぜん）ジャナに関心を持ち始めていた。

政治やヤラセという何重もの覆いをすべて排除したらジャナはどんな姿を見せるのか。それとも残りは何もないのか。

今、ちゃんとした情報を握り、客観的にジャナを調査できる人間は世界でたったひとりしかいない。

もちろん私だ。やっと出番が来たという気すらする。

ジャナは今まさに既知の未知動物から未知の未知動物になったのだ。

「アスパラガス・ビデオ」

いよいよ本格的に、未知の未知動物に昇格したジャナワール調査に乗り出した。

「まずは二日間、ワン市内に腰をすえて、目撃者やビデオ撮影者を訪ねて話を聞こう」

調査隊のリーダーたる私は重々しく断を下したが、その二時間後にはなぜか一行は車に乗り時速百二十キロの猛スピードでワンから遠ざかっていた。

目的地はゲヴァシュという、ワンから南西に五十キロほど離れた町で、ゲヴァシュ郡の郡庁所在地である。同郡は去年、羊の大量自殺が報じられた地域であり、私も妻と足を運んだ。ガイドのエンギンの出身地でもある。

そこに運転手イヒサンの知り合いでジャナワールを見たという人が二人おり、うち一人は今年（二〇〇六年）撮影したビデオを持っているという。ビデオの持ち主にはアポもとったから行こう……。

そんな話をガイドのエンギンとイヒサンが勝手に決めてきて、初日から外へ出ることになった。森も末澤も、「お、街の外に出られる！」「おもしろそうですね！」とやる気満々だ。私の「断」など誰も聞いちゃいないということが早くも判明したが、スタッフが優秀なんだから仕方ない。

ワンからゲヴァシュまで車はずっと湖岸沿いに走る。この辺りの水は鮮やかなマリンブルーで、淵のような緑色をしていた大学前よりも美しい。同じ湖なのに色が全然ちがう。「きれいだな……。でもどうして色がちがうんだ？」とエンギンに訊くと、「ワン湖は場所で色がちがうわけじゃない。日によって、時間によってもちがう。天気によってもね、ふふふ……」と、まるで家宝の刀を見せびらかすような口調だ。神秘的なこの湖はワンの人々が先祖代々受け継いだ貴重な財産なのだとあらためて感じる。

問題はその財産の運用の仕方である。ウナル・コザックは詐欺的な財テクに失敗した。

今度はどうだろうと思いつつ、「今年ビデオ撮影に成功した」という男の家を訪れる。

新築中の大きな屋敷で私たちを待ち受けていたのは、レジェップ・アウジという、黒々としたゲジゲジ眉毛の持ち主だった。見るからに一癖ありそうで、「小悪党」という感じだ。なにしろ、態度や声はでかいのに、絶対に私たちと目を合わそうとしない。よほど後ろめたいことがあるのだろう。人間的にはまたもや信憑性C級である。

しかも本人は観光客向けのボートを運営している会社のマネージャーときた。ジャナ人気が復活すれば、即商売繁盛につながる。しかも、彼によると、ジャナが見られるのは、なぜか六月から九月までの夏場だけだという。そしてそれは「偶然」にも彼の会社が観光ボートを運営している時期とぴったり重なるのだった。

「おいおい、いい加減にしろよ」と言いたくなる。利益と連動している場合、信憑性はさらに下がるからもうD級である。

レジェップ氏は神経質そうに、ビデオカメラとふつうのカメラを用意している森を指差し、「撮影は一切禁止だ」と言った後、テレビにビデオデッキを接続した。

持ち主がどんなインチキくさい男でも、UMAビデオを見るときはやっぱりワクワクして身を乗り出してしまう。それはジャナをあまり信じていない末澤や、まったく信じていない森も同じだ。

ゲジゲジ眉毛がリモコンのスタートを押すと、突然、画面にカイコみたいなでこぼこして細長い物体が水面に浮かんでいるのが映った。コザック・ビデオ同様、前後がなくて、いきなりそのものズバリの映像だ。ビデオ撮影者たちはトルコ語で何やら大騒ぎしており、画面もわざとらしく前後左右に激しくぶれる。ぶれるわりには物体に変化がない。

「なんだ、こりゃ⁉」思わず私はつぶやいた。

背景が変わるから、物体は前後には動いているのかもしれないが、泳いでいるにしては体は硬直している。ぷかぷか水面に浮かんでいるだけだ。形はサイズのちがうタイヤをいくつも横にくっつけてイモムシ状にしたような感じで、もしかすると正体もズバリそれかもしれない。

とても生物には見えない。

ビデオは三分ほどで唐突に終わった。

「バッテリーがここで切れた」とレジェップ氏は言う。

ずいぶんと都合がいいところでバッテリーが切れるものだ。しかも、「この直後に、ジャナワールは長い首を持ち上げたんだ」とレジェップ氏が言うもんだから、私まで眉間にしわが寄りすぎてゲジゲジ眉毛になってしまった。

百万歩譲って、映像に映っていたタイヤイモムシみたいなのが生物だったとしても、とても長い首をもっているようには見えなかったからだ。

私たちはあくまで来客として礼儀正しく振る舞っていたが、内心では誰もが呆れ果てていた。

レジェップ氏の話はその後も迷走を続けた。

いちおう状況の詳しい話を聞こうとしたのだが、「ビデオを撮ったのはオレの弟だから、何月何日とか、詳しいことはわからない」という。

今までいくつものトルコのテレビ関係者が見に来たが、「ウソだ」と決め付け、買わなかったとレジェップ氏は憤慨したように言った。

「だが」とレジェップ氏は言う。「日本のテレビ局が来て、二十五万ユーロ（現在のレートで約四千万円）で買いたいといったこともある」

結局日本のテレビとは交渉がうまくいかず売らなかったと、レジェップはごにょごにょと言い、通訳しているエンギンですら、話があまりに矛盾しているのに困惑していた。

他にも彼らは今年の初めから、毎日ボートを出してジャナワール探しを行い、これまで七回も目撃したとか言っていたが、私はもうほとんど聞いていなかった。

「アスパラガスだな」レジェップ宅を辞したあと、私は他の二人に向かって苦笑した。アスパラガスとはヌトゥク教授の本に出てきたトルコ語の単語だ。もともとは日本と同様、ヨーロッパから入ってきたあの野菜のことを指すが、ヌトゥク教授はそれを「ヤラセ」の意味で使っていた。トルコ語にそういう用法があるらしい。

「どうしてアスパラガスがフェイクの意味なんだ？」とエンギンに訊くと、彼は「オレはそんな説明はしたくないな。あの形を思い浮かべろよ」とにやにやした。

あの形？　あー、そういうことか。ペニスに似ている。アスパラガスは「ペニスもどき＝インチキ」ということになったのかもしれない。ただし敬虔なヌトゥク教授が使っているくらいだから猥語などではなく、ちゃんとしたトルコ語のはずだ。「ヤラセ」という言葉より新鮮なので、私たちは「アスパラガス」と言うようになっていた。

遅い昼食はクルド料理。クルド人は政府からも認められていない民でありながら、料理が旨いことではトルコ中に知られている。

不思議な平べったいフライパンの上にトマトソースで肉と野菜を煮込んだものが出てきた。強火で炒めたらしく野菜がしゃきっとしていて、でもトマトソースと肉汁が十分染み渡っていて最高に旨い。森が一人だけ妙な顔をしている。

「これとそっくりな料理が中国のウイグルにあって、毎日そればっかり食ってたんです」と言った。飽き飽きしたというが、聞いてみると、トマトソースは旨かったが、それがかかった麺がボソボソでまずかったかららしい。

中国西部の新疆ウイグル自治区からここまで数千キロは離れているが、シルクロードを通して食文化がつながっているのかもしれない。

食事中、エンギンはすっかり〝まぶだち〟というノリで、私たちに女性の話ばかりする。ガイドの仕事はモテるから、誘惑が多くて、今まで黒人以外のあらゆる民族の女性と寝たとか、ほんとかどうかわからない自慢話である。まあ、これは真実でもウソでもどっちでもいいので聞いているこちらも気が楽である。

エンギンが「日本人の男は、結婚相手の女性が処女かどうか気にするか？」と真剣な顔で訊くので、「気にするもなにも、日本には処女なんていない」と正直に答えると、彼はどひゃひゃひゃと大爆笑した。

上機嫌のところを狙い、「ジャナワール＝政府の陰謀説」を訊いてみた。ここはクルド人のレストランで、店員も客もクルド人しかいない。

エンギンは真顔になり、私の問いに答えるかわりに「政府はいろんなことをするんだ」と言った。

彼が言葉を選びながら慎重に話すところでは、イスタンブールのチェリキ青年が言うように、九三年から九七年にかけて、トルコ政府と武装組織ＰＫＫ（クルディスタン労働者党）の間で激しい戦闘があった。戦闘は主にイラクやイランとの国境地帯で、その周辺の村々（トルコ領内）から大量のクルド人が避難民としてワンの町に流れ込んだという。

ここ二十年間で、ワンの人口は十万人から現在の百万人に膨れ上がったが、とくにその五年間はひどかったそうだ。

もっとも、観光ガイドのエンギンとしては、「ワンが危険な町だ」という印象をライターの私に与えたくない一心だろう、「でも、今は何も問題ない」と繰り返した。私もその都度「それはわかっているよ」と彼を安心させた。

今は治安の良し悪しより怪獣が問題なのだ。

昼食後、ゲヴァシュとワンの間にあるエドゥレミットという町に移動し、あと二人、じかに目撃したという人に会った。朝から数えると、通算で四人になる。

ひとりはイヒサンの知り合いの女性で、「つい最近、ジャナを見たと連絡してきた」という。湖のほとりに建つ高級住宅を訪れる。

半年前、二階のサロンから目撃したという女性は、明るい色のブラウスとジーンズをはき、垢抜(あかぬ)けた西欧風のファッションだった。歳は三十とのことだが、二十五歳を過ぎるとそれが法律で定められているかのようにどかんと肥えだすトルコ女性には珍しく、ほっそりとしており、それだけで美人にみえる。名前はソルマス・チョーヴァチェ。

ヌトゥク教授の本には女性はひとりも出てこない。いくらトルコがイスラム圏のなかではオープンな国とはいっても、写真と名前を出す女性はいなかった、あるいは周囲が許さなかったということだろう。だから、女性の目撃談は私たちにとって初めてである。

「大きくて黒っぽいものがすごい速さで岸辺を泳ぎ回っていた。三匹いた」とマダム・ソルマスは言う。最初は二階のサロンから見ていたが、そのあとベランダに出て夫の双眼鏡を取り出して観察したという。

彼女がウソを言っているようには見えなかったが、その高級住宅から湖までは数百メートルも離れている。いくら双眼鏡を使ってもそうはっきり見えるとは思えない。岸辺のポプラの並木が邪魔して湖面の様子はなおさら見えにくい。

しかも、ヌトゥク教授の本にある「想像図」を見せると、「顔はこれに似ていた」と言う。彼女曰く「ものすごく速かった」というのに、目鼻立ちまで判別できているのだ。

さらに、さきほど見たアスパラガス濃厚なビデオ映像のカイコ型生物を、末澤がデッサンに描いていたのでそれを見せると、またしても「うん、似ている」と言った。二つの絵はまったく似ていないのに。

うーん、マダムの話には説得力が全然ないなあ……。

頼りはUMAグルメ情報誌

アスパラガス・ビデオのオヤジと、マダムの他にはイヒサンの直接の知り合いはいないらしい。せっかくだから、このエドゥレミット界隈で、ヌトゥク教授本に目撃談を寄せている証人を探すことにした。

ようやく教授本の「奇書」たる所以である完全個人情報が生かせるわけだ。

「この辺に誰かおもしろい目撃者はいないか？」と、エンギンと一緒にページをめくる。

ちょうど、情報誌で「この辺にいいレストランはないかな？」と探すような感じだ。

「これはどうだ？　この近くだぞ」エンギンがあるページを指差すが、

「いや、これは話にあまり特徴がない。もっと、こうインパクトがあるものがいいな」

「じゃ、この十三番は？　まあまあインパクトがあるぞ」

「いや、単独の目撃は後回しでいい。まずは複数の目撃を聞きたい」

会話もレストラン探しに似ている。しかも私はけっこう口うるさい。ＵＭＡグルメとでも言うんだろうか。

ようやく私のお気に召した人が見つかった。「十人で目撃した」と証言するロカンタ（食堂）経営者がちょうどこの近くだった。

「九番」のアブデュルケリム・チョルバエ。彼の証言はこうだ。

「一九九六年五月二十六日、七時三十分ごろ、エドゥレミットの私たちの食堂で兄弟のサイットと友達八人と一緒に座っているとき、浜から約百メートル離れたところに『ワン湖のジャナワール』と呼ばれる大きな生物を見ました。頭を水から出したり沈めたりしていました。色は黒でした。頭部はとても大きく、『想像図』に似ていました。頭部しかよく見ることができなかったので、胴体部分と尾の部分についてはあまり詳しく説明できません。兄弟と友人たちと一緒にこの生物を三十分ほど見ると、それは水にもぐり、いなくなりました」

証言に出てくる「兄弟」の名前はサイット・チョルバエといい、証人「十番」として、この次に登場している。目撃内容はほぼ同じだが、「アタテュルク公園の向かい」で見たと場所を詳細に述べているのと、時間が七時半でなく、「七時」と書いているところがちがう。

ウナル・コザックの取材はきちんとしたもののようだ。同時に同じものを見た複数の証人が何組か登場しているが、ところどころ話がちがっている。別々に訪ね、目撃証言を書かせたからだろう。こういう微妙な食い違いは「口裏を合わせていない」感じがあり、かえって説得力がある。

十人での目撃、三十分という長時間、そして兄弟そろって証人になっているというのは興味深い。彼らを探すことにした。

幹線道路沿いに数百メートルほどで終わってしまうような小さな町だ。しかもロカンタをやっているとなれば簡単に見つかるだろうと思ったのだが、誰に聞いてもわからない。もう店をやめてしまったのだろうか。しまいに、店が並ぶ奥で、木立の陰でトルコ麻雀「オーケー」をやっていた四人の男たちを見つけ、訊いてみる。地元の人間のくせに「よくわからない」と首をふる。

私はエンギンにヌトゥク教授の本をわたし、写真を見せるように言った。こういうときは写真が役に立つ。正確には、私たち日本人には、ひげ面の濃い顔ばかりでみな同じに見えるから、地元の人間がいてこそ初めて役に立つのだが。

実際に「九番」のほうのアブデュルケリム・チョルバエの写真を見せたら、男たちは「あー、こいつか」という反応を示した。

でも彼はここにはいなかった。

「そいつは死んだよ」手持ちのいらない牌(パイ)を捨てながらひとりの男が答えた。

「死んだ？　いつ？　病気か何か？」ちょっとびっくりして私は聞き返した。「九番」チョルバエは一九七九年生まれとある。当時十七歳、現在生きていてもまだ二十七歳だ。怪獣を見たために死んだとか、そういう噂がないかどうか確かめたかったのである。私自身は怪獣の呪いなど信じていないが、ＵＭＡの呪いを信じる人はけっこういる。

答えは意外なものだった。

「五年くらい前に殺された」というのだ。

「え、殺された⁉」

彼らの説明によると、「九番」チョルバエの店は、周囲の住民とトラブルを起こし、ある日、敵対する住民に店を襲われ殺害された。兄弟の「十番」チョルバエら、家族は他の土地に逃げていった……。

これにはたまげたが、ガイドのエンギンの態度にも驚かされた。「へえ、あ、そう」くらいの反応なのだ。

「どうして平気なんだ？」と訊くと、

「だって、よくあることじゃないか。ワンだけじゃなくて、イスタンブールだってヨーロッパだって、ふつうにある」

そうだろうか。殺人事件は日本でも珍しくないが、訪ねていった相手が殺されているなんてことはそうそうない。ヤクザでもない一般市民が、集団で対立のあげく殺されるというのも滅多に聞かない。

トルコは一部のテロなどを除けば治安はよさそうだし、人々は平穏に暮らしているようにみえるが、誇りが高いだけに古い共同体のなかの怨恨（えんこん）や復讐などというものが今でも多く残っているのかもしれない。

しかたがないので、路肩に突っ立ったまま、この付近で他に重要な目撃証人がいないか本のページをめくる。

すると、いましたいました、なかなかの人物が。

「二十八番」のイブラヒム・イルハン。イルハンといえば、二〇〇二年の日韓W杯でトルコのイルハン・マンスズという選手が人気者になったが、トルコではよくある名前だ。

一九六五年ワン生まれの彼は、「ミリエット」紙の記者だった。

「一九九五年九月末から『ワン湖のジャナワール』の撮影作業を行いました。十月、撮影した映像が『ショーTV』の『プリズム・プログラム』で報じられました。初回は、ワンからエドゥレミットへミニバスで入ったとき、湖の大きな生物が空に水を噴き上げているのを見ました。

その後周辺住民に話を聞くと、彼らも、ワン湖で水を裂きながら時速六十〜七十キロのスピードで動くことができ、空中五〜十メートルの高さへ水を噴き上げる生物を目撃したと言いました。その周辺で、一ヵ月半、十回ほど姿を撮影しました。映像をみると、大きなヘビに似ているのがわかります。

『ワン湖のジャナワール』を私のように目撃し、撮影した人がたくさんいたのに、このニュースはバカにされることがあるのが、とても悲しいです。ワン湖には一種類ではなく、四、五種の大型生物が生息していると考えています。専門家の『この湖では大型生物は生きられない』という主張はわきにおいて、ワン湖の大型生物たちを調査することを要望します」

一ヵ月半で十回目撃し、ビデオにも収めたという。ビデオはもちろん、目撃回数だけでも突出している。会わないわけにはいかないが、とても信用できそうな証人じゃないな、だいたい当時は支局の記者だった人だろう、今でもここにいるんだろうか……と思っているうちに、エンギンが「おい、早くこっち来い！」と呼ぶ。行くと、さびれたリゾートを思い出させるロカンタのテラス席に、くたびれた中年男が腰掛けている。

「彼がイルハンさんだ」とエンギンが紹介するので、びっくりした。いったいいつの間に？　「この二十八番の人にいちおう訊いてみるか」と言ってから十分くらいしか経っていない。エンギンとイヒサンの取材能力はすごい。

私は挨拶もそこそこに彼の話を聞いた。

この日は一人としてマトモな証人に会っておらず、アスパラガスかその可能性が濃厚なものばかりに出会ってきたので、いいかげん頭が痛くなっていたが、我慢して取材を行った。

「一ヵ月半に十回も目撃、撮影したそうですが……」と訊くと、男は無精ひげが伸びた頬(ほほ)を手でボリボリ掻きながら不機嫌そうに、「二ヵ月だ。十回から十五回くらい見た。はっきりした数字はおぼえてない」と答えた。

「すごいですね」と、なおざりな相槌(あいづち)をうち、最初この生物を探し始めたきっかけを訊ねる。すると、証言にも書いているように、トルコの一般的な交通機関であるミニバスに乗って移動しているとき、窓から水が勢いよく噴き上げられているのを見たのがきっかけだという。

「それは岸に近かったから岸のうえなのか、水の中からなのかわからなかった。初めは水道管が破裂したのかとも思ったが、調べてみるとその辺に水道管なんてなかった。だから、水のなかに何か生物がいて、それが水を噴き上げたんだとわかった」

ふんふん、と事務的にメモを取りながら聞いていると、彼はだんだん怒りをあらわにしはじめた。

「オレの兄貴もずっと信じなかったんだよ、イズミル（トルコ西部の都市）に住んでいる兄貴だ。オレのビデオがテレビで流れてもな。でも、兄貴もあとで、ここエドゥレミットに来たとき、自分の目で見たんだよ。背中がギザギザしてたってさ」

私が投げやりに話を聞いているのがわかったのだろう。彼は険しい顔でこちらをまっすぐ見つめていた。神経質で頑固そうだったが、どことなく悲しげな目だった。もう二十年もこういう調査をしていると、本気とアスパラ（もどき）の差は「目」で感じられるようになる。

この人の目は本気だ。私は急いで態度をあらためた。「本気」を感じさせる証人に初めて会ったからだ。

彼は強い口調で続ける。

「オレが湖の岸辺でカメラを持って朝から晩まで歩きまわってるとき、オレのことをクレージーだって言ったやつがたくさんいたよ。でも、オレは気にしなかった。それで十回も見ることができた。学者はこの湖にはインジ・ケファリしか棲めないという。じゃあ、オレが見たのはいったい何なんだ？」

改心した私が身を乗り出し、「そうなんですか。よく頑張りましたね」と言うと、少しずつ彼の顔は穏やかさを取り戻していった。

二ヵ月に十回目撃というのは、彼によれば偶然ではない。

「ジャナワールは人間や車のたてる音を嫌う。だから、なるべく徒歩で一人で探したほうがいい。場所はどう探すかって？　住民に聞き取り調査をして、いちばん最近に目撃されたという場所に行く。人々に『出たら教えてくれ』と頼んでおくんだ。連絡が来て、数時間後か翌日にはそこへ行く。すると、見られる可能性が高いんだ……」

方法論もそれなりにしっかりしている。

彼が言うに、ジャナワールには、大きいのと小さいのがいる。十メートルほどもある大きいのを目撃したのは二回、あとは小さいのだという。「想像図」に顔は似ている。体はもっと魚っぽいという。

テレビにはいくらで映像を売ったのかと私は聞いた。彼は気分を害した様子もなく、「一万ドルくらい」と答えた。一万ドルは大金だ。彼はお世辞にも金があるように見えない。いったい何に使ったのか？　怪獣調査に直接関係ないが、訊かずにはおれない。

「その金で私は結婚式をあげた。それから、親戚で病気だった人間を二人、首都アンカラの病院で手術を受けさせることができた」と彼はちょっとはにかんだ顔で答えた。

「へえ、結婚式ができたんですか」私は驚いて言った。

「そうなんだ。ラッキーだった」イルハン記者は初めてにこやかな笑みを浮かべた。

この人はランク「B」だと思った。ウソはついていない。だが、きっと〝見てしまう人〟なんだろうなとも感じた。

日本でも霊やUFOを〝見てしまう人〟がいる。本当にそういう能力があるのかもしれない。神経が過敏だったり、思い込みが激しい性格だったり、精神が不安定なだけかもしれない。その辺はわからないが、ともかく他の人が見えないものを見てしまう人というのは確実にいて、彼はその一人だろうという強い印象を受けた。

〝見てしまう人〟の話は参考にならない。信じるとか信じないとかいう問題ではなく、確かめようがないからだ。私が霊やUFOを探索の対象としないのと同じ理由である。

残念ながら私は〝見てしまわない人〟であり、アンチ・ロマンの現実主義者である。

しかし、調査とは別に、私はこういう人が好きである。今日みたいにアスパラやその類に翻弄されていると、なおさら心やすらぐものがある。

彼はしまいにはすっかり打ち解けて、「日本が本格的な調査をやってくれればいいのにね」と語っていたが、目はやはり淋しげな色をたたえていた。

それは夕暮れのワン湖と同じ深い紺色だなと柄にもなく思ったのだった。

ジャナワールの呪い？

翌日、仕切りなおしてワン市内で目撃者探訪を行うことにした。

月並みなものはいらない。なんかこう、ガツン！　とくる目撃談を本気度あふれる人物から聞きたい。今日こそ、何かを！

そう念じながら、教授のジャナ情報本をめくる。

まず目に留まったのは「十七番」のイスマイル・エルデム。彼は珍しく、水面から突き出た頭を見ている。

「水上に見える部分が一・五メートルに達し、人間の胴体と同じくらい太い首で、馬のような大きさだけど耳はなかった」という記述はかなりショッキングだ。記録を読むかぎり、最もリアルで詳細な目撃証言だ。目撃時期も一九八九年と、一九九五年のジャナ・ブーム開始よりだいぶ前で、その分、信頼性が高いように思える。ブームが起きると、〝見てしまう人〟はもちろん、本来は見ない人でも「見た」と言い出すことが多いからだ。

しかし、十年の時は重い。彼は公立の病院に勤務していたが、すでに退職していた。記されていた住所も、病院の官舎であり、当然そこも立ち退いていた。どこへ行ったか、わからないという。

はあ……。こういう貴重な証人にかぎって会うことができない。逃した魚は大きいと言うが、まったく痛恨の一撃である。

私が気落ちしていると、テキパキしたエンギンが「これがいいんじゃないか」と「二十一番」を指差した。この人物は石炭販売業者で、湖岸から二十メートルの近距離に「黒茶色の大きな生物が動かずにじっとしているのを目撃」した。彼は生物に「ヒレ」があるのを確認している。

これも珍しい目撃なので気を取り直して、「OK、この人をあたろう！」とうなずく。携帯電話のバッテリーを補充しそびれていたエンギンが、公共電話オフィスまで電話をかけに行ったが、ため息とともに戻ってきた。「亡くなっていた」という。

「え、また⁉」ガックリした。

前日、二十九番のエドゥレミット市長も探したが、やはり亡くなっていた。ともに病死である。市長は一九八九年に五十人もの人と一緒に謎の生物を目撃していた。イスタンブール大学水産学部部長と一九九六年に調査を行うことに合意しており、公人としてもジャナワール調査に燃えていた人物だ。

重要な証人にかぎって会うことができない。というか死亡している。

「やっぱり、トルコ人は平均寿命が短いんですねえ」末澤がしんみりと言う。ヌトゥク教授本に証言を載せている証人のうち七人にあたり、そのうち三人が死亡している。あとの二人は行方がわからない。

まるで時効間際に事件の再捜査を始めたような気分だ。「証人は次々に鬼籍に入っていく。捜査は時間との勝負だ！」……というような。

ミステリ小説の主人公じみたことを考えてぐずぐずしていると、エンギンが苛ついて「これがいいだろ」と、「十二番」を指差し、次の瞬間には電話をかけに飛び出していった。見かけは「西郷さん」のくせに気短でアバウトなのだ。

私は日本語訳で「十二番」を確かめた。

「あ、これか！」思わず声がもれた。あまりに凄い話なのでヌトゥク教授もこの人物だけは自分であらためて訪問し、より具体的な話を聞いて、それだけで別に一章立てているくらいだ。

今回彼が私たちの調査からはずれていたのは、いろいろな意味で「凄すぎる」ので臆した——というわけでなく、教授から「彼はアンカラに移住したからもうワンにはいない」と聞いていたからだ。

私は慌てて車から飛び降り、エンギンを止めようとしたが、彼はすでに街の雑踏にまぎれていた。

五分ほどして、エンギンが戻ってきた。意外にも誇らしげな顔だ。

「捕まえたよ。これからすぐ会ってくれるそうだ」

「え、ほんと⁉」私は驚いた。

本に記載されている番号にかけたらいたという。アンカラに移住したと聞いていたんだけど、とエンギンに言うと、「戻ってきてるんだろ。トルコの人間はあちこちを行ったり来たりしてるもんさ。家族や親戚の間をね。オレだって、冬の間はガイドの仕事がないから、四ヵ月くらい、ずっとイスタンブールの叔父さんのところにいるんだ」

イスタンブールにはガールフレンドが何人かいて、その一人はとくにかわいくて、オレにぞっこんで……とまたいつもの自慢話が始まったが、それは聞き流し、「十二番」さんのお宅に急ぐ。幸運は逃してはならない。

「十二番」トゥラン・チョルジュックの証言は以下の通りである。

「〝ワン湖のジャナワール〟と呼ばれる大きな生き物を八年前、一九八八年五月に目撃しました。村の事業でブルドーザーの運転手をし、現場監督も兼ねていた当時、インキョイ村（ゲヴァシュよりさらに西方にある村）へ十五キロのところの岸で見ました。

尾と胴体の一部は水中に、頭は水の上に、胴体の前部と前肢は、砂の中に沈みこんでいるようでした。私は水面より高い岩場の上にいて、とても恐ろしくなりました。手にした石ころをそれに投げつけると、馬と水牛の間の鳴き声を出しました。

頭部はかなり大きく、色は黒かった。首は太くて、その下にはカラフルに見える長い毛が生えていました。頭部には鼻の穴に似た二つの大きな穴がありました。目はかなり大きく、真っ赤でした。鳴いた時に口を開くと、歯が四本見えました。真ん中の二本が大きく、残りは比較的小さかったです。背中はややでこぼこしつつも、直線的と言っていいでしょう。前肢が胴体とつながる部分には水かきがありました。その時、私はとても脅えていました。いまだその恐怖の後遺症が続いています。その時の激しい恐怖から右手の震えが始まり、今までずっと続いているのです。私が岸辺から離れた後、それがワン湖沖を高速で泳ぎ、途中で水を噴き出すのも遠くから見ました」

ウルトラA級の意味がおわかりだろう。

怪獣の描写が異様に細かいだけでなく、怪獣に石を投げつけたがためにその手が震えだし、止まらなくなってしまったというのだ。

ヌトゥク教授はトゥラン氏がひじょうに誠実な人だと強調し、その証拠として同氏がかつて工事現場から古代の石棺を偶然発掘したエピソードを記している。それはローマ時代の石棺で、ある古美術商が聞きつけて、高値で買い取ると申し出たが、トゥラン氏は「これは公共のものだ」と拒否し、のちに博物館に寄贈したという。

誠実はまちがいないとしても、〝見てしまう人〟かもしれず、会ってみないとなんともいえない。期待と不安が入り混じった気持ちで郊外の彼の家に向かう。未知動物探査の最大の醍醐味（だいごみ）は「期待と不安」だ。もちろん、未知動物そのものに接近しようという期待と不安が最高だが、貴重な証人に会う期待と不安もなかなかのものである。

土埃がもうもうと立ち上がる未舗装道路の古い住宅街をさ迷うこと二十分あまり、やっとトゥランさんのお宅に到着した。外壁が白いタイル張りでこの界隈では小洒落ている。

現在六十歳のトゥランさんはちょっとびっくりするような大柄の人物だった。身長約百八十センチはトルコ人としては特別大きくないが、横も縦も厚みがあり、「でかい！」という印象を与える。

握手をしようと差し出した毛むくじゃらの腕が、これまた長くてぶっとい。そして、それがびくんびくんと別の意思をもった生き物のように震えている。

細かくカタカタ震えるのでなく、びくんびくんと大きい震えは、テレビで見た元ボクサーのモハメド・アリの様子に似ていた。パーキンソン病じゃないかと思うが、その病気の人はアリしか見たことがないのでたしかなことは何も言えない。

トルコ人はみなそうだが、この人も挨拶もそこそこ、自己紹介はまったく抜きで、いきなり本題に入る。「あんたら日本から来たのか？」とか「どうしてジャナワールに興味があるのか？」などという詮索や世間話もない。

トルコ人は好奇心が並外れて強いけれど、「自分が何か役に立ちたい」という気持ちはもっと強いので、こうなるのかもしれない。

トゥランさんはとめどもなく喋り、エンギンの通訳も要領を得ない。エンギンはふだん、ふつうの観光ガイドをやっているためイレギュラーな通訳に不慣れなうえ、性格にアバウトなところがあるから、てきとうに断片的に訳すのだ。

しかもその間、奥さんやら娘さんやらがわらわら出てきて、トルココーヒーを入れてくれたり、それがけっこう美味だったり、森が可愛らしい娘さんを写真に撮ろうとして彼女たちがきゃあきゃあと逃げ回ったりして、なおさら現場は混乱した。

助かったのは末澤の存在だった。彼はときに「エンギンの通訳、明らかに間違ってますよ」と私に注意を促し、ときにエンギンに向かって「いや、タカノの訊きたいことはこういうことだ」と、日本語とトルコ語を織り交ぜてチェックを入れた。

いつもはマイペースな〝柳風男〟だが、いざというときには敏捷（びんしょう）に動き、非常に役に立つ。同行してもらって正解だった。

トゥランさんの目撃談はひじょうに興味深かった。彼が早口で喋りまくるのはせっかちな性分だけでなく、自分の見たことを伝えるのに一生懸命だからだ。まるで、昨日の出来事であるかのように、「聞いてくれ、こんなことがあったんだよ！」と夢中なのだ。そんな合間にも、卓上のコーヒーやお菓子を指して、「どうぞ、どうぞ」と丁寧に勧めるなど、篤実な人柄がにじみ出ていた。

さて、肝心の目撃内容だ。

ヌトゥク教授本に補足すると、彼がジャナワールを見たのは一九八八年でなく、一九七八年。なぜか十年まちがっている。

道路工事をしていた彼は、ワン方面から来る車を「通行止めだ」と追い返していた。現場には彼ひとりだけ。ふと気づくと、岸からたった十メートルほどのところに何か動物らしきものが水から顔を出していた。最初、なんだかわからず、彼は手近にあった石をそれに投げつけた。石は動物の肩口くらいのところにあたった。

なぜ、石を投げたのかと訊いたら、「なんとなく」ということだった。そういえば、人間というのは、子どもでも何かびっくりしたものや理解できないものに石を投げてみるという習性がある。私がそれを見ても、やっぱり石を投げてみただろう。

さて、石をぶつけられた動物はというと、そこでいきなり口を大きく開け、三度咆(ほ)えたという。

トゥランさんが実演してくれた。

「ハォー、ハォー、ハォー！」という腹の底から出るような野太い咆え声だ。

そのとき初めてトゥランさんは「ものすごく怖くなった」。近くの畑に誰か他の人を呼びに行くが、誰もいない。しかたなく現場に戻ると、怪物は水しぶきをあげて沖へ泳いでいき、やがて消えた。

トゥランさんはこの話を誰にも、家族にもしなかった。

「ただでさえ怖くて忘れられない。なのに、人に話したりしたら、夢に出て、どこまでもついてきそうな気がしたんだ」

彼がこの体験を人に打ち明けたのは、十二年後の一九九〇年になってからだという。

手の震えについては、「ジャナワールを見てすぐにこの状態になったわけではない。目撃してからなにか疲れたようなだるいような違和感があり、それが治らないまま、一年後にはこのように震えるようになってしまった。医者に見せたが、原因はわからない」とのことだ。

「怪物の呪いでしょうか？」と訊くと、彼はまじめに首をふり、「わからないが、精神的ショックが原因だと思う」と答えた。

「呪いだよ、これは！」などと言わないところがホッとさせる。

ただ、ジャナのことを思い出すと手の震えはひどくなるという（実際に話をしている間はひどくびくんびくんと動いていたが、帰りに私たちを外に見送って握手したときにはさほどでもなくなっていた）。

そのため、ジャナについて取材に応じるのはヌトゥク教授とウナル・コザックを除いては、これが初めてだという。

トゥランさんにジャナワールの姿かたちを訊ねると、私の持っていた紙にボールペンで絵を描いてくれた。最初左手で描こうとするがうまくいかず、右手にペンをもちかえ、震えを必死におさえながら、輪郭を描いていく。

トゥランさんは絵がうまかった。目撃以前は趣味で絵を描いていたという。目撃以後、手の震えで絵は描けなくなったが、それでも巨大な船の模型をつくっている。繊細なものは無理でも芸術欲はおとろえていないらしい。

絵がうまいのに、震えるので、線がすべて細かいギザギザになり、半分デジタル加工したような妙な絵ができあがった。リアルというのか、シュールというのか。

顔が長く、目は大きく、鼻から首筋、そして背中にかけてギザギザしたタテガミのようなものがついている。前足は蹄のような形。口元からは長いヒゲのようなものが垂れている。まさに中国の竜そのままである。キリンビールのラベルにある麒麟の頭部にも酷似している。

私たちがトゥランさんに「想像図」を見せたところ、「全然こんなのじゃない」と首を振った。ところが、ヌトゥク教授本に出ていた別の写真には激しく興奮した。「これだよ、これ！　はぁ……、こんなに似ているものは初めて見た……」と心底驚いた口調だ。

それはトルコのテレビ局が製作したジャナワールの模型だった。実際に作ったのはトルコ人のアーティストで、西欧や中東の伝統的な「ドラゴン」をイメージしたものらしい。

トゥランさんの話は徹頭徹尾オリジナルである。他の目撃談ともまるで似たところがない。

本人の真剣さ、いや必死さは今まで会った目撃者の比ではない。付け加えるなら、彼が不可思議な怪獣を目撃したのはたった一回で、これより後にも先にも、へんなモノや現象には一度も遭遇したことはないと断言する。いわゆる〝見てしまう人〟でもないのだ。しかるに、彼の見たものは細部にいたるまで竜というかドラゴンだ。東洋の竜と、トルコを含む西洋のドラゴンがここまで似ているというのも驚きなのだが、どうして彼がドラゴン（＝竜）を見てしまったのだろうか。あまりに現実離れしている……。

トゥランさんはたいへんな好人物であった。私たちが固辞するのを、いつまでも「昼食を食べていってください。お客さんにご飯も出さないなど、許される話ではない」と、車に乗りこむ寸前まで言い続けていた。

車がスタートしても、私たち日本人組三人は黙ったままだった。何を言っていいかわからないからだった。

トゥランさんという人間の信憑性はA級、彼の目撃談というか体験はウルトラA級――。それは間違いないのだが、なんせ「ウルトラ」なだけに、どう受け止めていいのかわからないのだ。

しかし、トゥランさんと会って話を聞いたことが私たちの調査に思いがけない影響を与えた。

トルコ人スタッフの態度が急転換したのだ。

今回の調査を始めるにあたって、私はあえて二人に「ジャナワールがいると思うか?」と訊かなかった。訊いてもしょうがないと思ったのだ。

エンギンは去年私が初めて会ってジャナについて訊いたとき、「そんなもん、いないよ」と一笑に付した。去年の意見がそうそう簡単に変わるわけもない。昨日までの様子を見ていても、「仕事だから熱心にやっている」というだけで、ジャナに個人的な思い入れはてんで感じられなかった。

イヒサンも同様だ。だいたい、この人は十年前のジャナ騒動時、アナトリア通信の記者として渦中にいたのに、ジャナの知識をさっぱり持ち合わせていない。取材しなかったからだという。「どうして?」という質問には「興味がなかったから」とあっさり返していた。

つまり、二人ともジャナなど、まったく信じてなかったのだ。その二人が、トゥランさん宅を辞して、車で走っているとき、妙に上気した顔で、熱っぽく話をしている。

やがてエンギンが後ろを振り向き、ジャナの話としては今回初めてといっていいくらい、シリアスな顔で私に話しかけた。

「俺は今までジャナワールはいないと思っていたが、さっき、トゥランさんの話を聞いて、考えが変わった。あの人はウソをついてない。ほんとうだ。ジャナワールはほんとうにいると思う」

イヒサンも負けていない。怪獣が最もよく目撃されるという村の名前を出してこう言う。

「君たちが帰ってから、俺はインキョイ村の岸辺で二十日間テントを張って、見張るつもりだ」

本気で怪獣探しに突入しようとしているのだ。

なんとまあ……。

私は驚きで返事がかえせなかった。

トゥランさんの話が衝撃的なのはわかるが、私たち日本人にはそれと実在する生物としての「ワン湖のジャナワール」が一直線でつながらない。

ところが、トルコ人である彼らには琴線に触れてしまったらしい。

一つはトゥランさんが誠実なお年寄り（引退した六十歳はトルコでは高齢者だろう）であること、そしてもう一つはトゥランさんの見たものがドラゴンそのままだったということ。

〝竜と老人〟という組み合わせが、伝統を尊ぶトルコ人のアイデンティティに強烈に作用したのではないか。彼らの熱に浮かされたような口ぶりからそう察せられた。私がこれまで雇ったなかで最強の現地人コンビが、ついにジャナに本気になってしまった。

「こりゃ、ただじゃ済まないぞ……」と私は茫然(ぼうぜん)としているばかりだった。

暴走するガイドと運転手

竜に石を投げた人と会った日の午後である。

リーダーにして雇い主でもある私は「しばらくはワン市内で目撃者の聞き取り調査をする」と宣言していたのだが、またしても、

「ノー、午後はゲヴァシュ郡長とのアポが入ってる」とガイドのエンギンにあっさり却下されてしまった。

「アポ？　何の？」と私が訊いたとき、エンギンの携帯に電話がかかってきた。彼は私を手で制したまま、血色のいい頬をたるませてにやけながら喋っている。ときどき「ジャナワール」という言葉が聞こえる。

「おい、いったいどういうことだ？」十分以上経って、ようやく電話が終わり私が問いただすと、

「ほら、この前言ったろ、オレのガールフレンド。イスタンブールで学校の先生をやってる……。あの子からだよ。『あなたに会いたい』だってさ。うひょひょひょう！」

アホか、こいつは。そんなことはどうでもいい。郡長と何のアポなんだ？ 強く言うと、エンギンは少し真面目な顔に戻った。

「彼女にも言ったんだ、オレはジャナワール調査で忙しいんだって。彼女にトゥランさんのことを話したら驚いてたよ」なんだか誇らしげだ。

「さっきの話だが、郡長はジャナワールのビデオを持っている。特別にオレたちに見せてくれると言ってるんだ」

やっと本日午後の予定が判明したとき、イヒサンのフォードはすでにゲヴァシュへの街道を百二十キロで走りはじめていた。イヒサンの目は鋭く、完全にジャーナリスト・モードに入っている。

高い金を払って、私が彼らを雇っているというのが信じられない。どう見ても、私たちは彼らの親切心で取材に同行させてもらっているようだ。

ゲヴァシュ郡の庁舎は田舎の村役場然としていたが、郡長室だけはマホガニーらしき重厚なデスクが中央にしつらえられ、これに赤地に白のトルコ国旗と革のソファが加わり、「トルコ式偉い人の部屋三点セット」がすべてそなわっていた。

郡長は、いかにも〝やり手の町長〟といった能弁な人物で、「これからゲヴァシュは変わる。夏はジャナワール見物ツアー、冬はスキー場だ」と、私たちが旅行会社の人間であるかのように、観光の話に夢中だった。

昨日アスパラガスのビデオを見せられたばかりで、「今日はまたちがうアスパラガスか」と心配していたら、見事に杞憂だった。

「同じアスパラガス」だったのだ。

郡長がもったいぶって見せたのは、前日、ゲジゲジ眉毛のボート屋レジェップ・アウジが披露した「カイコ模型」とまったく同じ映像だった。

素早くエンギンが小声で「昨日のことは何も言うな」と耳打ちしたので、私はうなずき、黙ってその映像を見た。

郡長によれば、この「カイコ模型」映像はテレビ局に売って、放映されたという。つまり、昨日のレジェップは、それを隠して私たちに「初物だ」と売りつけようとしたのだ。

その他にも、郡長は秘書に命じてジャナに関する最近の新聞記事を持ってこさせた。イヒサンはその新聞を独り占めにして読みふけりだした。いっぽう、郡長は「こういうニュースがある」と喋りつづける。

なかでも衝撃的なのはジャナが船を襲ったという事件だ。なんでも、十八メートルもあるジャナが船に襲いかかり、中に頭を突っ込んだという。

私が子どもの頃、つまり昭和四十年代に子ども向けの図鑑「なぜなに世界のふしぎ」とかで出てきたような、すさまじい話だ。

だが、しかし、口ぶりは呆れるほど真剣味がない。詳しい話を聞きたいというと、「船に乗っていた二人の男はあまりのショックで病院に収容されたが、事件の詳細については記憶が定かでない」ということだったが、その二人とは、ゲジゲジ眉毛のレジェップとその弟、つまりカイコ模型ビデオの撮影者とされる人物と聞き、これはお笑い番組かと私は腰がくだけそうになった。

しかしこの場には私のようにひねくれておらず、話をひじょうに真剣に受け止めている人物もいた。エンギンとイヒサンである。

イヒサンは強引に郡長を口説いて、新聞記事のコピーを頼んだばかりか、「ちょっと借りますよ」と一声かけただけで、返事も待たずに郡長のパソコンを勝手に操作して、カイコ映像から落とした画像を手持ちのCDドライヴにごんごんコピーしていた。私たちはもちろん驚いたが、さすがの郡長も彼のあまりの強引さに圧倒され、何も言えずにいる。

エンギンはその間、新聞記事のコピーを、まるで嫁探しでもするような真剣さでチェックしている。

彼らはしまいには、郡長にビデオカメラを向け、改まったインタビューを始めてしまった。郡長は、とうとう演説をぶった。「ジャポン、ジャポン」と言っている。「『世界でいちばん優秀な日本人が調査に来ているのだから、ジャナワールはほんとうにいるのだ』って言ってましたよ」末澤が苦笑しながら教えてくれた。

なんともはや……。

百万歩譲って（ばかりだが）日本人が世界一優秀だとしても、私はその日本人の大多数から相手にされてない存在なんだと、大声で叫んでやりたい衝動にかられたくらいである。

郡長の部屋を出てから、エンギンが言う。「昨日のレジェップはおれたちを騙そうとしていたが、郡長はちがう。あんなに偉い人がいうんだ。ほんとうにジャナワールはいるんだよ」

よそ者の私たちとちがい、現地人であるエンギンやイヒサンからすると、あんないい加減な調子の郡長も立派な「公人」であり、「偉い人」なのだ。そして、偉い人が言うことは正しいのだ。

もう一つ、彼らをいたく刺激したものがあった。発見者は末澤だ。

「あ、高野さん、これはすごいですよ！」イヒサンが私たちの分までコピーをとってくれた新聞記事の一つを見て、末澤が大きい目をさらに見開いた。

「エヴリヤ・チェレビがワン湖の竜について書いてますよ！」

「誰だ、そりゃ？」

「十七世紀、オスマン朝時代の有名な旅行家です」

興奮しきりの末澤が説明するに、エヴリヤ・チェレビが書いた『旅行記』なる本は、トルコ文学のみならずイスラム文学史上屈指の名著だそうだ。

「ぼくはチェレビの『旅行記』に興味を持っていたんですが、まさか、ワン湖の竜について書いてるなんて！　竜とジャナワールはほとんど同じ意味ですからね」

くたびれたTシャツにハーフパンツという、いかにも夏休みの学生然とした末澤だが、自分の興味ある分野の話をさせると突如、目が研究者のそれに変貌する。

「え、そんな古典に出てるの？　すごいなあ」真剣な物事に敏感な森も素直に感心している。

あとで末澤は新聞に引用された部分を何時間もかけて翻訳してくれた。

そこには、預言者ムハンマドの一族がワン湖で暴れる竜を退治したと伝えられていること、十七世紀の当時、すでに「退治された竜の骨」がワンの観光名物になって世界中の旅行者を集めていたこと、さらにチェレビ本人がワンに行ったとき「退治された竜の子どもが封印されている岩穴を開けてしまい、恐ろしい竜の子を解き放ってしまった」という、劇的な物語が記されていた。

いやあ、おもしろい。現在はワンでも完全に廃れてしまっているが、実はワン湖のジャナワールにはれっきとした由来があったのだ。ぽっと出のニューアイドルなんかではなく、預言者ムハンマドの時代まで遡る由緒正しい家柄なのだ。

エンギンとイヒサンが目の色を変えるわけもわかった。

前日、手の震えるトゥランさんからドラゴン目撃の話を聞いた。すでにそれで興奮していたが、ドラゴンがいるとして、いちばん問題なのは現地にその類の伝説が一切伝わっていないことだ。

その最大の問題が今、一気に解決してしまった。過去から現在に向かい、ドラゴン実在の筋道がはっきり見えてしまったのだ。

すでに火がついているエンギンとイヒサンのトルコ人魂に油が注がれ、ゴウゴウと燃え盛っている……。

いまや運転手でなくジャーナリストのイヒサンの動きが活発化した。長身で手足の長い彼は、大鷲が地上で羽ばたくようなぎこちない迫力で、スチールとビデオの両方のカメラを手に獲物を狙っていた。獲物とは私たちだ。

ゲヴァシュの町の中心にはジャナワールの像がある。もちろん、誰かが勝手に思い描いたものだ。驚いたことに、去年見たものとちがう。去年は、「かいけつタマゴン」

みたいなアニメちっくなものだったのに、今は、二本足で立った恐竜の、でも尻尾だけがイルカのような平べったいヒレになっているものに変わっていた。新しく作り直したらしい。ジャナ人気に地域活性化の期待を寄せている先ほどの郡長の仕業だろう。

イヒサンは私たちにその像の前でポーズをとれという。私はふざけてジャナの前足にぶら下がり、それをイヒサンがパシャパシャ連写した。

しまいには、私にビデオカメラを向け、あらたまったインタビューをはじめた。私は訊かれるままにしゃべった。

「『小説現代』という部数十万部の雑誌に記事を書くために来た。これから目撃者に何人も会って話をきくつもりだ、云々」

辺境で活動するようになって二十年が経つが、自分が雇ったスタッフに逆に取材されるなんて初めてだ。

これが明日か明後日の新聞に載るらしい。テレビでも放映されるかもしれないともいう。

「日本人作家がジャナワール探しに来た」――これだけは事実で、フェイクでもなんでもない。おかげでジャナの話題が多少なりとも復活するだろう。

私たちの思惑とは関係なく、しかし私たちの存在が、村おこしと私益に目がくらんだ田舎政治家と、田舎の熱くて朴訥なジャーナリストを巻き込んで、新しいムーブメントを作っている。

というより、巻き込まれているのは私たちなんだが。

そろそろ陽も傾いてきた。イヒサンはいつの間にか遠い湖岸のほうに移動して撮影している。何を撮っているのかと思いきや、被写体は森清だった。

森が夕暮れの湖面を撮影しているのを、イヒサンが撮影している。これまた、「日本人写真家がジャナワールを取材」という記事が作れるかもしれないということらしい。

プロ意識がすごいと言えるかもしれないが、やっぱりどうかしている。さすがのエンギンもしびれを切らし、

「イヒサン・アビ、テンニュー！」と叫んだ。

イヒサン・アビというのは「イヒサン兄貴」というトルコ語だが、テンニューはクルド語である。意味は英語で「ファックユー」、つまり最上級の罵倒語だ。日本語にはないが、「このクソ野郎！」くらいの意味か。

だから、「イヒサン兄貴、クソ野郎！」と怒鳴っているわけだ。

エンギンはいたずら好きで、二ヵ月ほど前に韓国の若い女の子ばかりのグループの

ガイドをしたとき、彼女らに「クルド語で『ごちそうさま』はテンニューというんだ。食事が終わったら、店の人たちにこう言ったら喜ばれるよ」と教えた。

韓国娘たちはそれを頭から信じ込み、食事終了後、全員そろって店の人間に向かってにっこりと大声で「テンニュー！」と言った。

店の人たちはかわいらしい外国の女の子たちに突然「このクソ野郎！」と言われ、茫然自失、エンギンとイヒサンは大笑いした。

その話が仲間内で大受けし、何かにつけて、というか、何も意味がないのに、やたら「テンニュー！」と呼びかけるのが流行っている——。そうエンギンは言うのだが、紳士のイヒサンは絶対にそんな言葉を口にしない。おもしろがっている様子もない。

実際にイヒサンは、エンギンがしつこく「イヒサン・アビ、テンニュー！」と繰り返すと（一日に二十回くらい言っている）迷惑そうな顔をし、ときには唾を吐きかける仕草も見せる。でもずっと年下のエンギンはへっちゃらの顔で「がははは、テンニュー！」とますますおもしろがる。

私たちは「よくイヒサンは我慢してるなあ」と感心半分、心配半分でいたほどである。

しかしこの日、森とイヒサンが奇妙な撮影から戻り、車に乗り込んだとき、私たちの心配が無用なものだとわかった。

エンギンが私たちに言うのだ。

「イヒサンはすごく優秀なジャーナリストなんだ」

まるで我が事のように得意気だ。彼はイヒサンのことを心から尊敬しているようだ。

「トルコ初の鳥インフルエンザ発症を報告したのは彼だ」という。なんでも、イラン国境のほうで子どもが二人死亡した。それが初の犠牲者で、イヒサンは病院の医師をせっついて鑑定させ、鳥インフルエンザだと確認したという。

「それから」とエンギンは続ける。「去年、羊が大量自殺したって事件があっただろ? あれもイヒサンが書いた記事なんだ」

「えええ⁉」

シャイなイヒサンがハンドルを操りながらぼそぼそと語るに、それは私が読んだジャパンタイムズの記事とは細部が若干ちがっていたが、明らかに元のニュースだった。しかも場所はエンギンの叔父の村だという。

それにしても、なんという奇縁。

私はイヒサンの書いた記事を日本で読み、ワンまで足を伸ばした。そこでエンギンとイヒサンに会い、ツアーに出かけ、「真夏の冬」事件に遭遇、新聞に載った。

今回はジャナワール取材のため、前回活躍を見せた二人組に手伝いを頼むことにした。すると、その二人がジャナワール熱に感染し、私たちをダシに、ジャナワール復

ジャナワールを撮影したと語る、極右
の政治家アドナン・メルテム氏

左｜ゲヴァシュの郡長が見せた
「カイコ型ジャナワール」の映像
下｜ゲヴァシュに作られた新しい
ジャナワール像

活に本気になっている……。

マスコミのしょうもない連鎖も、ここまでくれば仏教の「因縁」あるいは「業」といってもいいかもしれない。


「明日は資源調査庁へ行ってみよう」電話をあちこちにかけたエンギンが言う。

「もうアポはとれた」

またこれか。

主客が転倒したまま、私たちは彼らに引っ張られて動き続けるしかないようだ。

帰り道、エンギンが車を強引に止めさせ、道端で売っている小ぶりな青リンゴをいくつか買い、私たちに勧めた。「車を急に止めさせるなよ」とぶつくさ言っているイヒサンも、スタッフ二人の暴走に疲れて、別にリンゴなんかどうでもいいよと思っていた私たちも丸齧り(かじ)したが、それは驚くほどみずみずしかった。リンゴをひと齧りするごとに、体の芯までシャキッとする感じだ。

「ほら、旨いだろ」エンギンはいかにも嬉しそうな顔をした。

これが彼の気遣いである。

食い終わると、手がリンゴの汁でべとついた。「べたべたになっちゃったな」と思うか思わないかというときに、イヒサンが不意に現れ、ペットボトルの水を差し出した。これで手を洗えということらしい。

　これがイヒサンの気遣いである。

　エンギンひとり、「俺は洗わない」と拒否。イヒサンは眉を大げさにひそめ、「エンギン、おまえ、プロブレムだ」と片言の英語で言い放った。エンギンは笑った。

　やっぱり、この息の合ったコンビにはかなわない。

第3章 天国の湖

湖一周調査の旅出発

朝八時、ガイドのエンギンがイヒサンの運転する車で、ワンの市場近くにある私たちのホテルに迎えに来た。私たちはホテルをチェックアウトして荷物を全部、イヒサンのフォード大型ワンボックスに積み込んだ。

「ジャナワールが見つかることを祈っているよ」

初日、「ジャナワール?」と聞いただけで大爆笑していたホテルのフロント係も、人懐こい笑みを浮かべて言った。私たちに対するこの辺の人たちの温かさは素晴らしいものがある。顔をあわせれば必ず声をかけてくれるし、お茶屋に行けば、勘定をとらない。いい年して酔狂なことに邁進(まいしん)している私たちを、バカにもしない。いや、しているのかもしれないが、態度には出さない。にこやかに見守っている。

私はなんだか、自分の家を離れるような心持ちで車に乗り込んだ。

「ベチン、アミ・ベチン!(行こう、さあ、行こう!)」覚えたてのクルド語で言うと、エンギンとイヒサンも「ベチン、ベチン！」と気勢をあげた。

車は軽やかにスタートし、街中を抜けて、郊外の一本道をひた走る。

運転席にはドライバー兼ジャーナリストのイヒサン、隣の助手席にはエンギン、二列目は私ひとり、そして最後尾の三列目には森と末澤が腰を落ち着けている。

快晴のせいだろう、湖の美しさはたとえようがなかった。上空に雲一つないのに、マリンブルーの湖面には規則的とも不規則的ともつかない、おもしろい鮮やかな模様が描かれている。まるで誰かが巨大な柄杓（ひしゃく）で直射日光で熱された水面にさあっと打ち水をしたようだ。

あらためて「旅がはじまる」というわくわく感がこみあげてくる。

いよいよ、私たちはこれから三日かけてワン湖一周の旅に出かけるのだ。

まだヌトゥク教授の下でまじめに働いていた頃のウナル・コザックは、四十八人もの目撃証言を集めたが、いずれも町に住む人のものだった。

私たちは町の人の証言はもう二十人近くから聞いていた。竜に石を投げたというトゥランさんみたいな凄いものもあったが、過半数は「黒っぽくて（もしくはダークブラウンで）、すごく速く泳ぐ生物を見た」と「何か黒い（あるいはダークブラウンの）大きなものが湖面にしばらく浮かんでいた」という二つの曖昧なパターンにおさまっていた。

「もう町は十分」という気がした。次は村である。

何といってもいちばん湖をよく知っているのは村の人間のはずだ。彼らは先祖代々この土地に住んでいるのだ。彼らに話を訊かねば、何も訊いたことにならない。

琵琶湖の五倍以上もの大きさのワン湖の岸辺には、地図で確認できるだけでざっと三十数個の村があった。そこを全部、訪ねてみることにした。進路は時計と逆回りである。

村の人たちに訊くことは二つ。一つはもちろん、「ジャナを見たことがあるか？」という当然のもの。もう一つは、「何か大きな生き物の死体らしきものか、その残骸みたいなものを見たことがないか？」というもの。

後者は、古生物学研究者にして熱狂的なＵＭＡ信者である、科学ライター・本多さんの進言による。

ジャナワールの実在にひじょうに期待をかけている彼は、前々から「私だったら、湖の周辺で漂流物が見つかってないか確かめますよ。ジャナが生息しているなら、これまで死体やその一部がきっと岸辺に漂着しているはずですからね」と言っていたのだ。

これは誰もやっていない作業である。巨大な漂着死体らしきものが目撃されていれば、ジャナワール存在はかすかな望みをつなぐし、何もそういう証言がなければ、に下がる。
——いくら「不在の証明は困難」としても——かすかな望みもナノテク並みのレベル

さあ、はじまった。

一時間ほど走ると、車は直線の舗装路をはなれ、うねうねとまがりくねったガタボコ道を土煙をあげて進みだした。

湖の周囲は幹線道路で結ばれているが、全部が全部、湖岸に沿っているわけではない。ところどころ、岸がまったく見えなくなるくらい離れる。いっぽう、村は生活の必要上、水辺に近いところにある。

殊に今日これから訪れる湖畔東部の村々は幹線道路から遠く離れており、町の人間が容易に行けないようなところだ。村の人間も簡単には町に出られないだろう。交通不便であるのは住民にとって迷惑なことだろうが、ジャナワール調査隊としては、マスコミ情報などが入りにくい場所へ行くのはひじょうに興味深い。村の住民はすべてクルド人で、ジャナ調査以外でも、彼らの暮らしぶりに触れるのが楽しみである。

最初の村バルダックチュ・キョイに到着した。幹線道路からさほど離れてないせいか、町と同じように石や漆喰の家が土壁の家より多い。ワンの郊外が若干ひなびた程度だ。

さて、到着したはいいものの、私は困ってしまった。誰にどう訊こうかということを何も考えてなかったのだ。私以外の四人のスタッフは、今まではともかく、これからは万事私任せであるから、私以上に何も考えていない。

どうしようかと戸惑っているうちに、車は村の人々が集まってなにやらわいわいやっているところに止まった。

女性たちが水道の水で大きな絨毯(じゅうたん)を洗っていた。私たちはエンギンを先頭にどやどやと車をおり、彼女らに近づいた。

「メルハバ!(こんちは!)」エンギンが陽気にトルコ語で挨拶した。

私も精一杯の明るさで「チャニ・バシュ?(お元気ですか?)」とクルド語できくが、外国人などまず訪れないだろうこの村では、その外国人の男がクルド語で挨拶することがさらに異様なようだ。受け狙いが逆効果だったらしく、女性たちは、血の気がひいた表情で、

「……エズ・バシュム(元気です)……」と答えた。

初めは不審な顔をしていた彼女らだったが、エンギンが、

「あの、ぼくたち、ジャナワールを探しに来てるんですけど……」と説明したら、とたんに相好(そうごう)を崩し、おかしそうに笑い出した。

ここでもジャナワールの魔法の呪文は健在だった。この一言で警戒心がすぐに解け

てしまう。私にとっては複雑な心境ではある。魔法が効くというのはジャナワールが本気で信じられていないということだからだ。

くすくすと笑いながらも、でっぷりと肥えたおばさんは「あたしゃ、何か黒っぽいものを去年見たよ」と言い、小学生くらいの子どもたちも「二年前に八人で背中がギザギザで腹が白っぽいものを見た」と言った。

否定的な回答をする人々もいた。絨毯洗いの集団に別れを告げ、私ひとりだけで岸辺のほうへ歩いていくとちがう別の子どもたちが三人ばかり遊んでいる。彼らに片言のトルコ語で「ジャナワール、いる？」と訊いたら、みんな、学校の授業で先生の質問に答えるように、「ヨック！（いない！）」と元気よく答えてくれた。あー、うれしい……。

ちなみに、巨大な漂着物についてはおばさんたちも子どもたちも一様に「ヨック！」と首をふっていた。

二十分ほどで再出発。なにしろ、今日だけでもこれから十数ヵ所の村を回らなきゃいけないのだ。さっさと移動だ。

移動中、私は最初の村での行きあたりばったり取材を反省した。村の人たち全員から話を聞くわけにもいかないし、同じ行きあたりばったりにしても、次からはできるだけ年配の人に聞くことに決めた。年配者は経験が長いうえ、マスコミや都市の口コミなどの「新情報」には疎いだろう。つまり、信頼度の高い情報が得られるのではと期待したのだ。

十五分ばかりで次のチテラン村に着いた。村の真ん中にある広場で車を止める。さっきの村と十キロも離れてないと思うが、ガクンと文明度がさがっていた。家はみな壁から屋根まで土を塗り固めたものだし、家屋と家屋の間には分厚いフリスビーのような円盤状のものが屋根よりも高く積み上げられている。冬の間に燃料として用いられる牛糞（ぎゅうふん）だ。

広場には人がちらほらと見えたが、私は新たな作戦にしたがい、いちばん年を食っていそうな女性にまっすぐ向かった。

トルコ人もクルド人も、年配の女性には肥えた人が多いが、〝自称・五十歳〟のそのおばさんは巨大な胸が巨大な腹にかぶさるように垂れ下がっていて、しかも黒ずくめの服を着ているから、なにか得体の知れない巨大な黒い肉塊のようだった。

しかし、おばさんの顔は晴れ晴れと幸せそうで、愛想よく、「あたし、黒くておっきいものを見たことあるよ」とクルド語で言った。彼女はトルコ語は聞けばわかるが、話すことはできないという。

私は、よほど「それはあなたよりでかかったんですか？」と訊きたい衝動にかられたが、そういう礼を失する衝動を抑えて話を聞くと、去年の夏と秋に二回見たとのことだった。最初の村でも「去年見た」というおばさんがいたし、村落部ではジャナワールは意外に元気なようである。

だが、意表をつかれたのは、このすごく肥えたおばさんの二回目の目撃だった。おばさんが見たのは黒い物体だけではなかった。

「軍のヘリコプターがやってきて、湖に爆弾を落としていたのよ。あれはジャナワールを攻撃していたんだわ、きっと」と確信に満ちた顔で言うのだ。

え、そんなことがあるのか⁉ 国会で調査するだけじゃ飽き足らず、軍が怪獣を空爆するなんて、トルコはＵＭＡ先進国にもほどがあるぞ。まるでウルトラマンと地球防衛軍の世界だ。

仰天した私たちは通訳のエンギンに訊ねた。

「いったい、どういうことなんだ？ この湖で軍が演習なんかするのか？」

いつもは陽気このうえないエンギンだが、私が慌ただしくメモをとっているのを迷惑そうに一瞥（いちべつ）した。

「軍は俺たち一般人にはよくわからないことをする」と低い声で答えたあと、「でも、この話はほんとうかどうかわからないから、ちゃんと確かめないうちは記事には書かないでくれ」と念を押した。

晴天の明るい村にクルド問題の影がさっと差した瞬間だった。エンギンはさり気なく話題をほかの無難なものに移したようで、しばらく通訳せずに談笑していた。やがて別の村人たちが白い液体の入ったコップをいくつもお盆に載せてもってきた。

「村でつくったアイランだ。これをどうぞって言ってるよ」

アイランとはトルコでひじょうにポピュラーなヨーグルトドリンクである。村の手作りとは嬉しい。エンギン、それに私と末澤はありがたく頂戴（ちょうだい）した。旅先では神経質なほど病気を恐れている森は手を出さず、ドライバーのイヒサンは「アイランを飲むと眠くなる」と妙な事を言い、やっぱり飲まなかった。

アイランは町で商品化されたものに比べて薄く、味は今ひとつ、ただ乾燥した喉に心地よかった。

喉には心地よかったが、胃腸にはそうでもなかったらしく、約二時間後、飲んだ私たち三人は腹がギュルギュル言い出し、別の村の公衆便所に駆け込むことになった。三つほど離れたボックスでエンギンが「ああ！」「うう！」「おお！」と、一瞬「何か別のことをしてるんじゃないか」と疑ったほど官能的な大声で悶絶（もんぜつ）しているのを聞きながら用を足した。私と末澤はさほどではなかったが、現地人のエンギンがいちばんひどく、私は彼に抗生物質をあげた。

この一件でドライバー兼ジャーナリストのイヒサンがいかに土地の物事に精通しているかがわかった。彼は一見しただけで「ヤバそうだ」と思って飲まなかったのだ。「眠くなる」云々は方便であろう。

イヒサンはこの日の午後、別の村でアイランを出されたときにはちゃんと飲んだ。森はもちろん、エンギンも末澤も遠慮したが、私は懲りずにまた飲んでみた。すると、今度はなんともない。アイランを見てわかるのか、村の状況を見て察するのかわからないが、彼には出されたアイランが飲み物なのか下剤なのか判別がつくようである。

三つ目の村は特殊な村だった。白い壁にオレンジの瓦(かわら)屋根のこじゃれたコテージが並んでいる。「町の金持ちの別荘地だ」とのことだ。

今はシーズンも終わろうとしており、人影もまばらだ。村に一軒だけある食堂(ロカンタ)に入る。

髪の真ん中を逆立て耳にピアスという、やけに都会的ファッションの青年が現れ、「オレは四年前の六月、すごく速いものが水を噴き上げながら泳いでいくのを見たよ」と語った。

話があっという間に終わると、まだ正午前だったが、昼食をとることにした。ここを逃すと、今日は晩まで飯にありつけそうになかったからだ。そして、頼んだ昼飯は、目撃談と同じくらいシンプルなクルド風ピザ「ラフマジュン」だったが、目撃談とは比べものにならないくらいインパクトがあった。

なにしろ、「ラフマジュンを五人分」と頼んだら、男たちが「あいよ！」と返事して奥に消えたまではいいが、しばらくすると、一人が薪をもってきてカマドに放り込んで火をつけ、もう一人が大きな袋を担いできて、その横の台に小麦粉をぶちまけはじめたのだ。

蕎麦(そば)にしてもラーメンにしても、その場で手打ちというのはあるが、小麦粉の大袋と薪からというのはない。「これじゃ日が暮れるよ……」と私はつぶやいた。

しかし、彼らは手早かった。白い精製した小麦粉と黒っぽい粗(あら)びきの小麦粉を水で混ぜ合わせ、塊をつくると、ゴンゴン台にたたきつけてこねる。こね終わったと同時に、それを小さくちぎって玉にし、細い延べ棒でしゅるしゅると伸ばして、薄い円盤状の生地をつくる。

さすがに上にのせる具は作り置きがあって私たちはホッとした。生地に具をちょんちょんと植えつけるように盛る。

イタリア料理店で見るのとよく似た、しかしもっと大きなカマドは、ゴウゴウと荒い息をつきはじめ、店員というのか職人というのか、男たちはまるで飢えたカマドに飯を食わせるように、二メートル近くもある巨大な木製スプーンに生ピザをのせ、赤々とした炎の舌がちらちら見える口の中にほい、ほい、と突っ込んでいく。

赤い舌が生ピザをなめ、芳しい香りが立ち込めてくる。

作業をはじめて三十分後、ちょうど時計の針が正午を差す頃には、ラフマジュン五人前はできあがった。出来立てのあつあつピザをみんなでほおばる。ふつうのトルコピザやイタリアピザより薄焼きで、ちょっと焦げかかった皮がさくっと口のなかで崩れる。熱を帯びたラム肉とトマトの汁がじわっと広がる。

熱さにあふあふと口を開けると、ついでに顔もあがって、村の向こうに湖が見えた。それはいつの間にか、濃い群青色に染め上がり、まるで大海のような堂々たる姿を見せつけていた。

私はふと食べる手を止めた。そして、思った。

「なんて贅沢な昼飯なんだろう」と。

映像の村

その日、とっぷりと日が暮れてから私たちは最初の宿泊地であるエルジシュの町に到着した。

私は疲労で朦朧(もうろう)としていた。ふつうに頭がぼんやりとしているのとちがい、今は何か脳に詰め込みすぎてカチカチになったような状態だった。パソコンでいうなら、メモリがいっぱいというやつだ。

決してこみいった話を聞いたわけでもなし、特別なことをしたわけでもない。車で五分、十分進んでは次の村に到着、車から降りて話を聞き、終わるとまた車に乗って次の村へ行き……ということを延々と繰り返しただけだ。

数えてみたら、午前中は村三つだけだったが、午後は村を十もまわった。つい数時間前のことなのに、今日どんな村で何を見聞きしたのか全然思い出せないほどだ。ジャナワールの目撃談はほとんどが似たり寄ったりである。町で聞いたのと変わらず、「ダークブラウンか黒っぽい色ですごく速いもの（もしくは、すごく大きなもの）が遠くに見えた」というのが大半で、これではいつどの村で誰に聞いたのか思い出せないのも無理はない。

手帳をめくれば、〈トラックの荷台で干し草〉〈野外の床屋〉〈モスクの三老人〉〈木の下で食事〉〈若い漁師〉〈三千年前の泉〉……といった殴り書きがある。聞き取り調査の状況を記したメモだ。そこに意識を合わせると、一つ一つの村の景色が鮮やかによみがえった。

あ、そうか。風景をたくさん見過ぎたのだ。映像は情報量が多い。同じ地域にある、同じクルド民族の村なのに、どこもひじょうに個性的だった。それが脳細胞を満たしていて、特殊な疲れをもたらしているのだ。

例えば、〈野外の床屋〉。目撃者は若い床屋で、文字通り野外で中年の客の髪をシャキシャキ切りながら話した。

「今年の六月に見たんだ。午後一時か二時ごろ、友だちと二人で岸から百メートルのところにいたら、ダークブラウンのでっかいやつ、十メートルくらいあるやつがワンの町のほうに泳いで行ったんだ……」

私たちが五人、他にも村人が十数人集まって、彼らを取り囲んでいる。気の毒なのは客のおじさんで、顔を髪の毛だらけにして、意味もなくみんなの視線を浴び、カメラで撮影され、でも動くこともできない。そのなんとも情けなさそうな顔がおかしくてしょうがなかった。

〈モスクの三老人〉は、ちょこっとだけ小高くなった丘にある村だった。初めに雑貨屋に入って聞いたところ、居合わせた五十歳、六十五歳、七十歳の人たちは「見たことはないが、聞いたことはある」と答えた。

エンギンたちが何やら世間話をしているので、私たちはさっさと店を出て近くをぶらついた。するとモスクより小さい、イスラムの祈禱所（きとうじょ）に出くわした。中をのぞくと、六十五歳、七十歳、八十五歳という、先ほどの三人より一回り上のトリオがたたずんでいた。

祈禱所には使い込まれた絨毯がしきつめられ、窓の外には遠く、青い湖が見えた。

「メルハバ（こんにちは）！」と挨拶したあと、何の前置きもなく「ワン湖のジャナワールはいますかね？」と訊ねた。すると、三老人は口々に「ヨック（おらん）！」と力強く答えた。

エンギンが私たちを引き連れ、村の人たちに「彼らは日本からジャナワールを探しに来て……」などと紹介すると、みなさん、気を使われるようで、「聞いたことがある」「見た人がいる」と答えたりするが、同じ村で別の人に私たちがいきなり訊くと「いない」と言われることが多いのだ。

最初から「いない」「信じていない」と断言する人たちももちろん、いた。漁師だというけっこうハンサムな若者は、「そんなもん、いない、いない」と素敵な笑顔で断言した。

「いたら、オレたちが見ている。毎日湖に出てるんだから」

もっともこの湖に唯一生息する魚であるインジ・ケファリは、数年前から乱獲防止のため、十一月から一月までの期間しか捕ってはいけないことになったという。多くの村では、この新しい規制を受け、漁業から農業にシフトしている。栽培されているのは、伝統的にはキュウリ、トマト、小麦であるが、最近はリンゴの果樹園をはじめたところも多い。

〈三千年前の泉〉では、「七十歳は超えてるけど、自分でも何歳かわからない」というおばあちゃんが話し相手だった。クルド独特の、縁に刺繍（ししゅう）を施したスカーフに頭を包んでいるだけでなく、おかっぱの髪はカツラだった。ピカピカと光沢のあるいかにも本物の髪じゃないとわかるもので、薄毛隠しではなく、装飾の一つらしい。

おばあちゃんはにこにこと愛想がよく、エンギンが「この日本人たちがジャナワールを……」と話しかけた段階で、「ひゃっひゃっひゃっ」と大笑いした。

エンギンは通訳をせずまじめな顔でおばあちゃんに話をしている。

「ちょっと、高野さん……」末澤が憤慨した顔で私に訴えた。

「このおばあさん、『あたしは信じてない』って言っているのに、エンギンが『いや、昔の有名な旅行家も見ているし、他にも目撃者がたくさんいる』とか言って、おばあさんを説得してますよ」

聞き取り調査の相手を説得するなよ。しかも通訳が。

幸い、おばあちゃんは町から来た若僧の熱弁を軽く受け流し、私たちを泉に連れて行ってくれた。

岩壁に半分ドーム状に覆われたところから、こんこんと水が湧き出ている。冷たくておいしい。水は石造りの水路を伝っていき、スカーフをかぶった女性たちがそこで皿やスプーンを洗っていた。この水はやはり石造りの水溜まりまで流れていく。そこでは牛が水を飲んでいる。

まるで古代ローマの絵でも見ているような気がしたが、それもそのはず、おばあちゃんによれば「これは三千年前のウラルトゥ（アララット）王国時代の泉で、もうすぐ国の重要文化財に指定される予定だ」とのことだ。

三千年はどうかわからないが、ひじょうに古いものであるのはまちがいなかろう。歳を重ねてなお元気いっぱいなおばあちゃんと、三千年もの間この乾いた村を潤してきた泉は貫禄(かんろく)満点で、昨日や今日のジャナ騒動など入る余地なんてまるでないのだった。

トルコの女性は、ムスリムのわりには開放的で、よそ者の男ともわりとふつうに話をする。とくにおばあちゃんたちは話し好きで、よく肥えた腹をゆすってよく笑い、その天然ぐあいが心地よい。

次の村でも六十歳のおばあさんが道端にいたので話を聞いたところ、「ジャナワール、見たわよ」とのお返事。

訊けばそれは去年の今頃のことだというから新しい。暗褐色の物体が水の上に浮かんでいたという。目撃の時刻が意外だった。夜の七時か八時ごろだというのだ。

夜の目撃談は珍しい。

「そんな暗くてよく見えましたね」と言うと、おばあさんは「ううん、暗くなかったよ」。よほど目がいいのかと思い、「じゃ、どこで見たんですか？」と目撃地点を訊ねる。おばあさんはあっさり答えた。

「テレビで」

これにはエンギンとイヒサンも、私たち日本人も、それからまわりに集まっていた野次馬たちもみんながブハッと吹き出した。

えらく鄙(ひな)びた印象こそあれ、湖周辺の村には全部電気が行き渡っており、各家庭にはテレビのアンテナもついている。だが、村人も爆笑しているとおり、このシチュエーションで「テレビで見た」はないだろう。

おばあさんは「あら、やだ、あたしったら」という感じに手をばたばた振って恥ずかしがり、その仕草もかわいい。昔住んでいた早稲田のアパートの大家のおばちゃんを思い出してしまった。

こんな調子で、村の景色や人の様子はどこも個性的だったが、ジャナワールの目撃談は低調だった。

唯一、〝真に迫った〟口調で話してくれたのは〈木の下で食事〉の農夫だった。

二年前の十月、もう薄暗くなった夕暮れ時のこと。岸から二十メートルほどのところにある畑で十六歳の息子と作業をしていたとき、岸辺に何かいるのに気づいた。トラクターに乗って近づくと、岸辺には犬くらいの大きさの動物が二匹うずくまってい て、水の中にもっと大きな動物が泳ぎまわっていた。どちらも、犬でも牛でもなく、見たことのない動物だった。

トラクターのヘッドライトで照らそうとしてみたが、光はうまく届かなかった。怖くなったので、トラクターでそのまま逃げた。

翌朝もう一度現場に行ってみたが、何もなかった。

「信じてもらえないからあまり人には言わないようにしている」と語るこの人は終始、顔をこわばらせたままで、証言者としての信憑性は十分だった。とはいうものの、ここでもメモが記しているとおり、彼の証言よりも、食事風景のほうがはるかに印象的だった。

青々とした木の下に広げられた動物柄の赤い敷物。白い皿に載せられたほっこりと焼きたての茶色いパン、真っ赤なトマト、明るい緑のキュウリ、真っ白なチーズ、焦げ目のついた焼き肉のかたまり。ゆったりと立てひざをつき、パンをちぎっては肉汁につけて口に運んでいる人たち……。彼らにとっては別になんてことはない、いつもの昼飯なのだろうが、私からすれば、優雅なことこのうえなかった。

曖昧模糊としたジャナワール映像なんて太刀打ちできない、色鮮やかな映像の数々で頭がいっぱいになっていたのである。

クルドの熱い思い

湖一周初日の晩、エルジシュの町では、エンギンの手配で、教員用の安い宿舎に泊まることができた。荷物を部屋に置くと、私たちは外に出た。

「タナコ、夕食はどういうものが食べたい？」と、いまだに私の名前を覚えないガイドのエンギンが訊いてきた。

「飯はなんでもいいけど、……できるんならビールが飲みたい」と私は答えた。

「あくまで可能ならってことだけど」慎ましく私が付け加えると、エンギンは、

「だいじょうぶ。ビールがあるところに行くよ」とにっこりした。

おお、やったー！　と私は小さくガッツポーズをとった。

トルコは政教分離政策のため、一般生活でもイスラムの縛りがゆるい。アルコールに対しても同様で、「エフェス」という国産のビールもあるし、ワインもけっこう造っている。

ところが、イスタンブールのような大都市やカッパドキアみたいな観光地ではともかく、一般の地方都市で、アルコールを置いてあるレストランを探すのはむずかしい。まずロカンタと呼ばれる食堂には絶対にないし、少々高めのレストランでもないことが多い。ワンの町では昨年、今年とかなり探し回っているが、ビールを出す店はまだ一軒しか見つけていない。

どうしても酒を飲みたいなら、バーに行くしかない。バーはたいてい、「え、こんなとこ入ってだいじょうぶなの？」と思わず足が止まるような入り口だ。分厚い扉だとか、地下だとか、とにかく「怪しい」。ただの飯屋なら入らないが、酒のことになれば、どこへでも行ってしまうから躊躇を押して入る。中に入れば、どこもなんてことのない飲み屋である。

ただ日本や他の国のような飲み屋独特の活気はまるでない。女性は皆無で、男たちが、ときにひとりぽつんと、ときには二人がテーブルで差しで向かいあい、小声でぼそぼそと喋っている。大声をあげる者もいなければ足元がふらついている輩（やから）もいない。身寄りのない、あるいは良縁に恵まれなかった日陰者が肩を寄せあい、傷をなめあっているという雰囲気で、八代亜紀の「舟唄」がよく似合いそうだ。

そんな感傷めいた情緒が私は決して嫌いでないのだが、バーの料理は酒のつまみなだけに、どうしても貧弱で、「酒はあれば飲むけど、なければないでかまわない」という森や末澤には不人気であった。

したがって二日に一回は、私は晩酌を我慢せねばならなかった。

これがしんどい。

私は決して〝無類の酒好き〟ではないと自分では思っている。外で飲むことはあまり多くないし、家でも量は飲まない。ただ毎晩ちょっとでも飲まないと「一日が終わった」という気がしないだけだ。一日の疲れというより、「凝り」がビール一杯でほぐれるのである。

ワンに来て、凝りがほぐれないまま、ベッドにもぐりこむ日がぽつぽつと出現し、私はプラスチックの燃えかすみたいな気分で眠りについた。

今回の湖一周では、ワンよりももっと小さな町に泊まるのだから、酒にはまずありつけないだろうと覚悟はしていたが、ダメモトで言ってみたら、「あー、あるよ」とエンギンが言うのだ。私が喜ぶのも無理はなかろう。

ところがである。

「ビールが飲める」という情報をエンギンが得て、私たちが行ったレストランで訊いてみれば、従業員は素っ気なく、「うちでは出さない」と首を振った。

「他の店で買って持ち込むのもダメ？」慌てた私が往生際わるく食い下がったが、

ドルがひじょうに高いのである。

「禁止されてるんだ」ととりつくしまもない。ライセンスがないと店では酒類をあつかえず、その規制はかなり厳しいようだ。要するに、公共の場で酒を飲むというハードルがひじょうに高いのである。

「あ、ビール、やっぱり、ダメだって」エンギンは気軽に通訳するが、私は大げさにいえば天国から地獄に落とされたような気分だった。最初からないとわかっていればしかたないと思えたものを……。特にこの日は、頭がくたくたに疲れているのだ。ビール一杯あれば相当に楽になるはずなのに……。

飲まないエンギンやイヒサン、飲めるけど別にどうでもいいと思っている森や末澤、つまり他の四人は平然としていて、それも私の腹を煮えくり返らせた。

エンギンは私にどんな仕打ちをしたか全く気づいてない様子で、「何が食べたい？」と訊く。今や、飯などどうでもいいと思ったが、努めて冷静なふりをして、「なんでもオーケーだ」と返答した。

運ばれてきたのは極上のクルド料理だった。石焼きビビンバに使う碗をもう少し平たくしたような硬くて重い器に、羊肉、トマト、ナス、玉葱などを一緒くたに入れ竈で焼いたらしく、ジュージューと音を立てている。

ふつう、辺境では食文化があまり発達していない。発達しているのは、現在大都市になっているところか、かつて都だったというところだ。食文化が発達するのは王侯貴族や大富豪のいる場所であり、金やモノが集まる場所なのだ。辺境の民族の料理がまずいとは言わないが、どうしてもヴァリエーションに欠ける。生活が楽でないから、食い物に凝ったりもしない。

ところが、クルド人は例外である。薄焼きピザ「ラフマジュン」や生肉ハンバーグ「チーキョフテ」、鶏肉の炊き込みご飯など、クルドにしかない料理がぞこぞこある。トルコ東部には「食い倒れの町」と呼ばれる町がいくつかあるが、いずれもクルドの町だ。

私が去年会ったクルドの宿主は「私たちクルドは、お金があれば、みんな食べ物に使っちまうんだ」と誇らしげに語っていた。結婚式なども一週間以上、ずっと飲み食いし続けてそれは壮観らしい。

さすが世界最大の少数民族なだけはある。一度も国家を持ったことがないのに、まるでかつて「大クルド王国」でもあったかのような食文化の豊かさだ。

だからなおさら、「あー、ここにビールがあれば……」なんて思うのだが、我ながらあまりに見苦しいので酒のことは考えないようにして、クルドの文化を讃えるというプラスの方向に気持ちを無理やり誘導する。

そういえば、車のなかではずっとクルド音楽を聴いていたなと思い出す。エンギンとイヒサンが大量の違法コピーCDを持ち込んでいて、次から次へとかける。ときにはモダンなポップス、ときには日本の演歌みたいな情感たっぷりの歌、ときにはペルシアの伝統音楽に似た民謡……と、ジャンルはちがえども、どれもすごく雰囲気がある。いずれもクルド人のミュージシャンの手によるもので、歌詞はクルド語だという。

音楽文化もあるんだから、きっと舞踊や美術もそうとういろいろあるんだろうなあと思いつつ、レストランの天井から吊り下げられたテレビを見ると、音楽番組が流されいる。MTVみたいな感じだ。

「あれ、クルドの音楽？」私は隣のエンギンに訊いた。すると、エンギンはがつがつ飯を食う手を止めずに「ノー」と答えた。肉の塊を飲み込むと彼はこっちを向いた。目が冷ややかだ。

「テレビでクルド音楽なんかやってない。政府に禁止されてるんだから」

「え、そうなの？」私は驚いて答えた。

昨年（二〇〇五年）日本でNHKが制作したクルドのドキュメンタリー番組を見た。その中で、最近トルコ政府も融和政策として、学校でクルド語を教えたり、クルド語のテレビ番組を放送することを解禁したと言っていたからである。

「クルド語の番組？」エンギンはふんと鼻をならした。「やってることはやってるけど、一日に二時間か三時間だけ、それも自然の風景しかない。出てくるのは羊とか村とか山ばっかりさ。あんなもん、誰も見てないよ」

そうなのか。

「まあ、政府がクルドの番組をどうしようが関係ないけどね。衛星放送のアンテナを立てれば、ヨーロッパからの放送が入る。みんな、そっちを見てるよ」

ヨーロッパからのクルド語放送はチャンネルが四つもあるという。エンギンもヨーロッパのどの国からか全ては言えなかったが、一つはドイツの放送だそうだ。

ドイツはトルコ移民・出稼ぎの最も多い国だ。ネオ・ナチが「外国人排斥」というときの外国人の筆頭がトルコ人で、しかもその半数以上はクルド人だと言われている。クルド人がそれだけいれば、テレビ番組も作れるのだろう。

「そういうヨーロッパからの放送はこういうレストランでは見れないの？」私が訊くと、エンギンは「何言ってるんだ、こいつは」という顔で私を見た。

「そりゃそうだ。すぐに軍か警察が来る。パブリックなところじゃ絶対ダメだ」

基本的にはやはり違法なのだ。

「オレたちクルド人は別に独立したいなんて思っちゃいない。自分たちの言語や文化を大事にしたいだけなんだ」

エンギンはフォークとナイフを手にしたまま、にわかに熱心に喋りだした。

「だってな、いいか、オレの母親も祖母もトルコ語がわからないんだぞ。トルコのテレビだって、意味もわからずただ見てるしかない。だからクルド語のテレビを見たい。当然だろ?」

私はうなずいた。今日もトルコ語が話せないお年寄りが何人もいたからよくわかる。

エンギンは口のトマトソースをナプキンで拭いて続ける。

「政府はクルド問題を力で押さえつけようとしてきたけど、八十年やっても成功してない。そんなことじゃ問題は解決しない。絶対にしない」

今日の午前中、「軍のヘリコプターがジャナワールを爆撃した」という仰天証言が出たとき、エンギンは「軍関係でてきとうなことは言えない」といかにもガイドらしい慎重な態度を見せたが、ある意味、村よりももっとパブリックなこのレストランでは大声で言いたい放題だ。英語が多少わかる人間がいるかもしれないのに。それともクルド・レストランは従業員も客もクルド人しかおらず、安全地帯なのだろうか。

「軍や政府の上の連中なんかひどいよ。あいつらがコミッションをとって、イランからヘロインや石油を密輸してるんだ。だって、そうだろ? あんなに厳重にチェックやパトロールをしてるのにどうして密輸が全然なくならないんだ? 増えるいっぽうだぞ。あいつらがクルドの土地をめちゃくちゃにしてるんだ」

今やエンギンは完全に食事の手を止め、真剣にかつ夢中で喋っていた。いつものお調子者ガイドとは別人のようだ。

「ハッサン・ダムだってそうだ。その話を知ってるか？」

「あー、えーと、今度新しくつくるダムだっけ？　たしか遺跡か何かがあるんだったよな……」それもＮＨＫの番組で取り上げていたように思うが、記憶は曖昧だ。

「そう、それだ。あんなダムの建設は無意味だ。知ってるか？　あのダムはたった三十年しか使えないんだ。三十年で土砂がたまって使い物にならなくなる。そのために、クルドの三千年の歴史をぶっ壊そうとしてるんだ。いいか、新しいものを造るのがえらいと思ったら大間違いだ。巨大なビル、素敵なショッピングセンター、ジェット機がたくさん飛ぶ空港。オーケー、それは立派だよ。でもな、そんなものはいくらでも造れるが、三千年前の遺跡はどんなに金があっても技術があっても造れないんだよ」

日頃、くだらんジョークばかり言ってるエンギンがこんなにもまっとうなことを言うのに驚いた。

私たちがワンに着いてからもイスタンブールなどでテロを起こしているＰＫＫ（クルディスタン労働者党）にも話が及ぶ。

「ＰＫＫはな、ハッサン・ダムを請け負う企業を攻撃するって宣言してるんだ。オレはテロを支持するわけじゃない。でも、彼らの言うことは正しい。オレだってそうしたいくらいだ」

そんなことになっているのか。私も手を止めて話に聞き入った。

「でも、十年前よりずっとよくなったこともある」エンギンは話題を転換させた。

「政府の対応がよくなったってこと？」

「それもあるけど、それよりハイテクだ」エンギンが謎めいたことを言う。

「テクノロジー？」

「そうだ。昔は政府が何をやってるかクルド人は何もわからなかった。メディアがなかったからね。でも今じゃ衛星テレビ、インターネットで何でもわかる。小さな子どもだって事情を知ってるよ。ハイテク万歳だ」

なるほど、どこで何が起こっているのかわからないようにする、つまり情報規制は非民主的政治の常套手段（じょうとうしゅだん）だが、曲がりなりにも民主主義で動いているトルコではネットや衛星放送まで取り締まることはできない。

「デジタルビデオやデジタルカメラができたのも大きい」と彼は言う。

エンギンによれば、政府は、爆弾が爆発したらそれがどこであっても「それはPKKのしわざだ」と言う。だが、中には軍がやっていることもある。PKKの党員を暗殺して、「PKKの内輪もめで殺された」と言ったりもする。

「昔はそれで何でも通っていた。でも今はそうはいかない。この前、PKKの人間が自分の店で何人もの男に襲われて殺されたとき、現場にいた近所の人がカメラ付携帯電話で犯人たちの写真を撮っていた。それで犯人が軍のやつらだってことがわかった。しかも、その写真がインターネットでトルコ中、いや世界中に流れた。みんなにわかっちまった。素晴らしい時代だ」

エンギンはにやっと笑い、万歳でもするようにおどけて両手を挙げたが、すぐ険しい顔に戻った。

「でも、軍のトップはその殺人犯たちを『私のこの〝よい子たち〟がそんなことを？まさか！』なんてとぼけてやがる。ふざけんじゃない！」

私はエンギンの話を聞くうちに、この日の凝りがほぐれ、あれだけカチカチだった頭と体が一気に癒されていくのを感じた。まるで生ビールをぐいっとやったように。

決して楽しい話じゃないのにどうして？

それはエンギンが全身全霊をこめて話をしているからだ。

今日一日だけで何十人という数の人に会って話を聞いた。「この目で見た」という人も十人以上いた。しかし、彼らの話には全然臨場感がなかった。なんというか、遠いのである。

ベトナムで謎の猿人「フイハイ」というのを探したとき、それは未知動物より妖怪に近い代物だったが、現地の人たちはその存在を信じて疑ってなかった。彼らにとっても大して意味のあるものじゃなかったけれど、「宴会のあとにエレキギターを手にしていた」とか、「森で会ったらカニをくれた」とか、生活のなかにしっかりと根ざしていた。

ところが、ジャナの場合、遠くにぼんやり見えるだけなのだ。話し手も「あー、なんか変なもの、見たなあ」くらいの口調で、話にてんで熱がこもっていない。

こういう話はすごくくたびれる。町で聞き取り調査をしていたときもその手の疲れはあった。ヤラセビデオを見せた連中なんか「いい加減にしろよ！」と頭にきた。

しかし、いざ村めぐりをすると、今度はみなさん素朴な人たちで、自分をアピールしたり、それで何か利益を得たりしようとしないから、ジャナワールの存在を信じていない人はもちろん、信じている人でも本気度がうすい。私がいくら突っ込んでも、「オレが見ないからいない」とか「誰かが見たからいるんじゃないか」とあっさりかわされる。

ある意味、ヤラセビデオを見せた連中は「金儲けをしたい」という確かな情熱があり、不快ながらもこちらの気持ちに響いた。村の人たちの淡白な話は塩を入れ忘れた料理を食べているようなやるせなさがあり、ヤラセビデオの意図的な「まずさ」が思わずなつかしくなったりもする。

私の頭と体がカチカチになっていたのは、映像を見すぎただけではない。そういう味のない話をえんえんと聞かされた疲れがたまっていたというのも大きい。ビールが飲めないどころじゃない欲求不満だ。

それが限界まで達したところで、エンギンがありとあらゆる調味料をぶっこんだ、とんでもなく濃い味付けの料理をどーんと突き出したのだ。まるで、この石焼き鍋のようにジュージューと音がしそうな、熱い気持ちのこもったやつを。

話の事実関係は今後確かめないといけないが、クルドである彼が、高等教育を受け、民主的精神の持ち主である彼がそう感じそう思っているということが何より大事なことだった。

私はみるみるうちに一日の凝りがほぐれていくのを感じた。パンパンの頭がゆるゆる溶解していくようだ。

これだ。これこそ私が聞きたい話だった。

私が聞きたい話とは、原稿に書いて一人でも多くの読者に読んでもらいたいという話だ。そんな話が聞けたとき、私は深い充足感を得て、凝りどころか重い疲労も吹っ飛ぶ。ビールやワインや焼酎の酔いなどとは比較にならないくらい、効く。

エンギンが熱弁をふるっているときである。

ウェイターがひとり、こちらへおずおずとやってきた。心持ち緊張したような顔をしている。

「なんだろう?」

私は嫌な予感がした。英語とはいえ、これだけ反政府的な話を大声でしているのだ。いくら店員もクルドだって、心配にもなるだろう。それに、自慢じゃないが、私の行くところはトラブルが必要以上に多い。ふつうの人は絶対めぐりあわないようなトラブルに出くわすのもしばしばだ。携帯していたコーヒー用クリープをヘロインと間違えられて国境の検問で捕まるとか、ビザを持っているのに入国を拒否されるとか……。

しかしそれは今回に限って杞憂だった。

ウェイターはにこにこしながらエンギンに話しかけ、手にした新聞を見せている。

「おー、タコヤ! これを見ろ」

また私の名前を間違っていることにも気づかず、エンギンは大はしゃぎで私の肩を叩き新聞を見せた。

「君たちが出てるぞ。日本人作家がジャナワールを探しに来たって」

　ほんとだ。小さいながらもカラーで私たちの写真が載っているではないか。ゲヴァシュの例の新しいジャナワール像の前でイヒサンが撮ったやつだ。手前でハンサムな末澤が落ち着いた笑みを浮かべ、後ろに渋く森が佇み、そして真ん中で怪獣の前足にぶら下がって遊んでいるのが私だった。

　これじゃまるで末澤が作家で、私がアシスタントの学生だ。こんなものがトルコ全土に広まったのか。

　もう少しまじめに写るんだったとちょっと後悔したものの、やはり外国の新聞に登場するのは嬉しい。しかし、日本の新聞にだってめったに出ないのに、トルコの新聞に二年連続で写真が載るというのもどうかしている。

　他にも私たちの記事が載った新聞がいくつもあるはずだというので、夕食を済ませてから、さっそく雑貨屋やキオスクをまわった。トルコには硬軟合わせて二十以上の全国紙がある。イヒサンは通信社に書いているので、いろいろな新聞に配信されるらしい。記事を買うか買わないかは新聞社次第だ。

　みんなで手分けして新聞をチェックした結果、なんと七紙で確認された。その中に、かつてジャナワール報道の核となり、ウナル・コザックが学生記者を務めていた「ザマン」が含まれていたのはなんとも皮肉だった。

記事はどれもイヒサンの書いた原稿をてきとうに調節したものである。

いちばん詳細に報じている「ブギュン」という新聞の内容を末澤が翻訳してくれた。

日本の発行部数十万部の雑誌「ショウセツ・テンダイ」で仕事をする作家・タカノヒデユキと写真特派員がワン湖のジャナワールを調査するためにワンにやってきた。ワン湖でジャナワールを目撃したと主張する人々と面会し、情報収集を始めたというタカノはこう話す。

「現在のところ六人と会った。たくさんの人たちが私たちにジャナワールを目撃したと語った。日本でこの話題は大きな関心を呼んでいる。ドキュメンタリーや映画を作りたがっている人までいる」

日本のジャーナリストたちはワン湖の周辺住民を十日間訪ねる。

「『小説現代』じゃなくてテンダイって書いてありますね」と末澤が言った瞬間、私たちの頭には「天台」という漢字が浮かんだ。

「『小説天台』って仏教小説誌みたいだな」私が言うと、

「比叡山（ひえいざん）発行かもしれないですね」末澤も笑った。

ただ一人だけ、森が難しい顔をしている。

「イヤだなあ、これ、『小説現代』の編集長に知られたらまずいよ。おまえがついていて何でこんなまちがいが起きたんだとか言われそう……」

トルコの新聞で誤記があったと「小説現代」の編集長が怒るわけもないが、会社員としてはまずそういう方向に頭が動くのかと私は感心した。日頃、会社のことなどおかまいなしに自分のやり方を貫いているように見える森だけになおさらだ。

そんなことより、「ドキュメンタリーや映画を作りたがっている人までいる」なんて、私は言ったおぼえはない。そんな奇特な人は日本にはいない。これはイヒサンか通信社のデスクによる「アスパラガス」だろう。トルコの新聞は相当硬めのものでも尾ひれをつけると推測していたが、その一端が確かめられた。

まあこんな毒にも薬にもならないヒマネタはおもしろければいいので、笑って流すことにした。森ひとりがイヒサンを捕まえ、「テンダイじゃなくてゲンダイ。オーケー⁉」と厳しい顔で記事を指差しているのが逆におかしかった。

いいじゃない、「小説天台」のほうがおもしろくて。

一夜明け、湖一周調査の二日目は、湖の北岸の調査だ。

前日、村のじいさまばあさまばかりに話を聞く作戦をとったら、ジャナ調査的にはあんまり実がなかったが、すごくおもしろかった。そこでもっとおもしろくするために、この日は年齢に関係なく、私が話をしたくなるような人を積極的につかまえることにした。村でなくても、そういう人がいれば止まって直撃する。

例えば木陰でバスを待っている女子高校生とか、ほんとうは禁漁期なのに、堂々と船を出して漁をし、道端で売りさばいているパンツ一丁の漁師とか、刈り取った羊の毛を水辺で手洗いしている家族などである。

禁漁破りの漁師や女子高生など、ふつうは写真を撮るのも厄介だが、「ジャナワール」という魔法の文句で万事オーケーである。みんな笑って応じてくれる。ジャナは挨拶みたいなもんで、「で、ここで何してるんですか?」と〝本題〟に入るのだ。

これがやっぱりおもしろい。

ある村では、トラックの荷台に女性や子どもが群がって、争ってメロンやトマトを差し出しているのに出くわした。

挨拶のあと、何をしているのかと訊くと、「町から週に一度トラックが来て、小麦を持ってくる。あたしたちは野菜や果物をあげてそれと交換してもらうのよ」とのことだった。つまり物々交換だ。これには驚いた。世界に辺境の地は数あれど、物々交換をまだやっているところは少ない。私もコンゴやミャンマーの奥地でたまに見かけるくらいだ。

トラックの男たちに訊けば、「町で買うより安く仕入れられる」「現金より小麦のほうが得になる」というし、村の女性たちに訊けば、「町にわざわざ出なくて済む」「運ぶ手間が省けて便利」という。

　彼らの言い分を聞き、その様子を見るかぎり、物々交換は金を介さない分手っ取り早く、双方にメリットが大きいような気がする。どうして世界の他の土地では廃(すた)れてしまったのだろう。

　荷台には男が二人乗っていて、野菜や果物を釣り秤(ばかり)ではかっては、うん、うんとうなずき、小麦粉の袋一つ、二つと手渡している。

　何か日本でも見たことあるよな、この風景、と記憶の糸をたぐれば、それは昔の「ちりがみ交換」だった。「古新聞、古雑誌、ボロ切れ等ございましたら……」というなつかしい声色をはるかな異郷で思い出した。

　だが、こちらでは古新聞のかわりに差し出されているものがマスクメロンだったりするのがすごい。この村でよくとれるとのことで、私たちも一つもらったが、見てくれも味も「完璧」だった。このレベルのメロンを日本で見つけるには、デパートの贈答用コーナーに行かねばならないだろう。ところが、ここでは有り余っているので日本円に換算してたったの五十円ほどだという。古新聞扱いなわけだ。

「日本ならたぶん三千円はするだろう」と私が言い、エンギンがそれを通訳すると、女の子たちは「日本に行きたーい！」と声をあげた。

いや、行ってもしょうがないんだけど。

この日走った湖北岸は土地が平坦で遠浅だ。だからこそ幹線道路が湖岸のギリギリを走れるのであり、怪獣の目撃談も少なかった。

「こんな浅いところじゃジャナワールが隠れる場所もないよ」と笑った人もいれば、

「ジャナワールが棲んでいるのはこっちじゃなくて、湖南岸のインキョイ村のほうだ」と親切に教えてくれる人もいた。

それだけに浜辺はどこも広々として、仕事や娯楽の場になっている。

しかし、三十人ほどのイラン人たちが海水浴というか湖水浴をしているのにはたまげた。男たちはパンツか半ズボン一枚、女性たちは全身を真っ黒な衣(チャドル)で覆い、足元だけ水に浸してきゃあきゃあはしゃいでいる。全身黒尽くめで波と戯れている女性たちが十数人もいるという光景はそれだけで異様だ。

「おい、あれ、おもしろいぞ」

「行ってみようか」

そんな調子で車を止め、エンギンを先頭に恐る恐る近づく。というのは、黒衣をまとっているとはいえ、敬虔なムスリム女性が水遊びをしているプライベートな場面に入り込んでいいかわからなかったからだ。

隣国人で同じムスリムであるエンギンやイヒサンも、イラン人に対するスタンスは私たちと変わらない。あたかも猛獣に接近するようだ。猛獣が人間に接近するときもこういう気持ちかもしれないが。

幸い、男性諸氏は心安く応じてくれたが、言葉が通じない。向こうはペルシア語しかわからず、英語もトルコ語もクルド語も解さなかった。

土地の名前と身振り手振りで、テヘランから来て、イスタンブールまで行った帰りだというのはわかったが、エンギンの「ワン湖はイランの湖と地下水路でつながっていて、ジャナワールがひそかに行き来しているという説があるが、聞いたことはありますか？」などというこみいった質問はまったく通じなかった。

だいたい、この人たちはこっちが「ジャナワール！」と言っても「は？」といぶかしげな顔をするだけだ。ジャナを知らないなんて非常識にもほどがあると思いそうになるが、なんせイラン人だからしかたない。

エンギンは一人のおじさんにしばらく、身振り手振りで「大きい」「湖にいる」とジャナワールの説明にやっきになり、しまいには「ウォー、ウォー」と吼える真似までしていたが、イラン人のおじさんは疲れたように「ノー……」と首をふり、去っていった。

聞き取り調査で、意図を相手に伝えられなかったのは初めてである。

午後も遅くなった頃、百頭とも二百頭ともつかない羊とヤギの群れが湖の岸辺に集合しているのに出会った。その近くの村で飼っているらしい。

「夏の間はときどき山からここに連れてきて、乳を搾るのよ」

若い女性が説明しながら、キュッキュッと二つの長い乳房をしごいて、ピュッピュッと乳を搾る作業を見せてくれた。

そうしている間にも、山から続々と羊の大群が下りてくる。「カンガル犬」という名の、巨大な牧羊犬が走り回って群れを追っている。ジャーマンシェパードと同じくらいの大きさだが、体つきはもっとごつく、目は猛々しく、土に汚れた白毛が逆立ち、まったく野獣じみている。

群れが接近すると、すぐそばに止めてある私たちの車が見えなくなるほどの土ぼこりが巻き上がり、羊たちのドドドッという足音と巨犬のウォッウォッという咆哮で、なんだか「十戒」とかその手の、古代を舞台にしたスペクタクルな映画のなかに放り込まれたような気がした。

羊というのはおもしろい。彼らはとにかく、群れからはぐれないようにとそればかり気にしている。頭を低くし、前の羊の尻に突っ込むように歩く。他に何も見ていない。止まれば止まったで、今度は地面にぺったり伏せて動かない。大地が羊で埋まっているから、私たちが十メートル歩くにも、彼らの間を縫っていかねばならないが、私の足が鼻先一センチのところを踏んでも、ぴくりとも反応しない。
「迷える仔羊たちよ……」という聖書の言葉を今まで誤解していたことがやっとわかった。

てっきり「仔羊が迷子になってるんだろう」と思い込んでいたが、そうではない。羊の群れそのものを指しているのだ。とにかく群れのなかにいれば安心だと思い、でも実はまちがった方角をさ迷っている羊たちを指しているにちがいない。ひとことでいえば「衆愚（しゅうぐ）」である。

だから、イエスの呼びかけは、「集団から離れよ」「慣習にとらわれるな」に等しく、相当センセーショナルである。キリスト教は誕生当時はあくまでも危険なカルト集団だったことを、私は羊を見ながら想像した。

イエスの言葉を思い出したのは羊を見たからだけではない。

若者で、ひとり、聖母マリアのペンダントをつけている者がいたのだ。ムスリムのこの国ではそれだけでも驚きなのに彼はなんとチェ・ゲバラのTシャツを着ていた。もっとも、Tシャツは無節操に出回るので、意味を知らずに着ていることもありうる。

とりあえずエンギンを通じて挨拶をした。彼は嬉しそうに、握手の手を差し出し、「ぼくは日本が好きだ。ぼくたちと同じように国の独立を愛しているからね」と言った。

「『国』ってのはトルコじゃなくてクルドのことだ」とエンギンが得意気に注釈を入れた。

私はTシャツを指差した。

「どうしてこんなTシャツを着てるの？」

ここで、彼が「え、これ、誰？」と言うオチかと思っていたが、そんなことはなかった。

「ぼくは彼を尊敬している。彼も独立を求めていた」という答えがかえってきた。ちゃんとゲバラを知っている。知っていてあえて着ているのだ。こんな羊だらけの村でも民族独立の夢をゲバラに託している若者がいるというのが驚きだった。

エンギンはやけに嬉しそうで、クルド語に切り替えてべらべらと喋りだし、もはや通訳もせず肩を叩いたりして盛り上がっている。ちなみに、クルド人同士でも家族や親戚でもなければトルコ語で話をするのが習慣だ。エンギンとイヒサンも、コンビを組んで八年という深い仲で、イヒサンもエンギンのクルド魂を知っているはずだが、二人はトルコ語で話している。

かなり経ってからやっと話が途切れたので、聖母マリアのペンダントについても訊いてみたが、こちらは「ただ好きなだけ」とのことだった。もっともエンギンが補足するに、この村には五十人ほどのクリスチャンがいるという。

ワン湖周辺はアルメニア王国の領土だった時代がある。そしてアルメニアはキリスト教を世界で最初に国教とした国家だ。

その名残で、クルド人にもアルメニア正教の信者がいるという。イランのクルド人はこの百年あまりでほとんど全部ムスリムに改宗したが、ここらにはまだクリスチャンが残っている。中にはモスクと教会が隣り合っている村もあるという。

ふつう、ムスリムが異教徒のペンダントを身に着けるなど考えられない——と思っていたが、こんなに融和した土地もあるのだ。

「ムスリムとクリスチャンが一緒に住んでいて何も問題ないのか?」とエンギンに訊いたら、

「ないよ。だって同じクルドだから」と威張るように答えた。

エンギンはこのゲバラ・マリア青年とすっかり意気投合してしまい、最後には私に「彼に日本のタバコを一つあげて。すっごくいい奴だから」と言う有り様だ。

日本から土産用に一カートン持ってきたマイルドセブンは特に世話になった人にしかあげていない。そしてまだ四箱しか減っていない。

私にはエンギンがどの程度、クルド民族主義者なのかわからない。ふだんはクルド語も喋らないし、政府や軍の批判も控えている。やはり危険なのだろう。それに引き換え、このゲバラ・マリア青年は初対面のガイジンにも「独立が好き」と胸を張る。エンギンは「あっぱれ!」と感動したのかもしれない。

あまりにもジャナワール調査がおざなりだと思われそうだが、私たちもまるっきり遊んでいたわけではない。興味深いコメントをいくつか入手した。

まず、数少ない目撃談。

例のインジ・ケファリの密漁をしていた漁師のひとりは、湖のほとりで観光名所にもならず放置されてる二千年ほど前の城壁を指差して言った。

「一九九〇年にあそこの近くで黒いものを見た。船より速く動いた。まっすぐ遠ざかって行った。上がギザギザして、なんだか潜水艦みたいだった」

ギザギザと言いつつ、私のメモに描いてくれた絵では積み木の船のように「デコボコ」していた。

末澤によれば、彼らの使っているトルコ語の単語は、日本語に訳すと「デコボコ」とも「ギザギザ」とも訳せるという。ちなみにエンギンは、英語での表現を知らないらしく、宙にギザギザともデコボコともとれる線を指で描くだけである。

ジャナは「ドラゴンに似ている」という人が多いので、ドラゴン(竜)の背のギザギザというかデコボコしたたてがみのようなものを漠然と想像していたが、この漁師は「潜水艦みたいだ」と言い、彼の絵もちょっとメカニカルな感じなので、そういうニュアンスもあるのかと軽く思った。後にこれがけっこう重要なポイントになってくるのだが、そのときは「ふーん」と軽く流してしまった。

この北岸では、ジャナワールの存在を否定する人が圧倒的に多かったのだが、その否定の仕方も人によってちがう。

ある村の老人は、ジャナワールを信じてますか？　という質問に「信じてない」とばっさり。どうして信じてないんですかと重ねて訊ねると、「だって、いないから」とこれまたばっさり。ここまで明快だと気持ちがいい。

別の村で会ったアラハットさんという三十五歳の男性の主張もおもしろかった。

農業に従事しているというアラハットさんはジャナワールと聞くと、不愉快そうな顔で「そんなもん、いない」と言い放った。彼は「いない」「ウソだ」「ペテンだ」と繰り返し、しまいには「そういうデマがあるからツーリストが来なくなるんだ」と怒り出した。

アラハットさんは何か勘違いをしている。怪獣がいるというデマが流れればツーリストが来るのだ。しかるに彼は「怪獣がいるなんてことになると、みんな、怖がって来なくなるじゃないか」と主張する。

たいへんに興味深い見解だ。

「クルド問題から世間の目をそらせるために当局がデマを流している可能性がある」と言ったのは、もはや遠いイスタンブールのヌトゥク教授のところで出会ったワン出身の青年だった。ワンに来たら、ジャナ騒動を牽引(けんいん)していたのが政治家たちで、しかも極右だった。エンギンは「政府や軍はクルドの土地ではなんでもやりたい放題だ」と言っている。

もしかしたら、アラハットさんはジャナワールは政府の陰謀だという話を、別の文脈で解釈しているのかもしれない。

とにかく、ジャナワールを観光妨害のデマと罵(ののし)るこの人を見て、私はいよいよ「ジャナはやっぱり存在しないんだろう」という確信を強めた。

ジャナワール騒動を牽引したもう一方の雄「マスコミ」も悪質と呼ぶにはあまりに不思議な現象を引き起こしていた。

オスマン帝国時代の墓石がごろごろしている村で聞き取りをしたとき、数人の村人のなかに背広とズボンを身につけた、妙に身なりのいい紳士がいた。彼がいうには、「村の端(はし)にジャナワールを見たハッジがいる」。ハッジとは聖地メッカの巡礼を行ったことのある人物をさす。よほど信仰心があつくしかも裕福でなければメッカまで行けないから、田舎では特に尊敬されている存在だ。

私たちはその紳士を車に乗せ、ハッジ宅へ向かった。紳士は私の隣に座り、私に「ドイツ語、話す？」とドイツ語らしき言葉で訊く。私はドイツ語がわからないので「ノー」と首を振ったのに、何度もドイツ語で話しかけてきて閉口した。トルコにはドイツ留学もしくは出稼ぎの経験者が多く、トルコ国内では英語と同じくらいドイツ語が通じる。

紳士の案内で到着した先は湖岸だった。浜辺ではなく、すぱんと断ち切れた崖のうえで、数十メートル下に紺碧（こんぺき）の湖がひろがっていた。

思わず息を呑む絶景というやつで、そんな崖っぷちにハッジの瀟洒（しょうしゃ）な白い家が建っていた。地震や台風の多い日本では考えられない場所だ。

この眺めは素晴らしい。美しさだけでなく、観測地としても最高だ。ここに住んでいたら、湖が何キロにもわたって常に目に入っていることになり、何か異なるモノが出たら一目でわかる。

ところがである。

現れたハッジは、「私はそんなものは見ていない」と言い放ち、紳士のほうが驚いていた。紳士曰く、「私は六年前、新聞で見たんだ」。

するとハッジ曰く、「六年前にヒュリエット紙の記者がアンカラから来た。ジャナワールについて訊くから『見たことない』と答えた」。

要は「ヒュリエット」紙の記者が「ハッジが見た」という話をでっちあげたということだ。だが、ふつうでないのは、国内問題ではないということだ。

「私はその記事をフランクフルトで見た」と紳士は言うのである。彼が言うには、六年前、フランクフルトに住んでいたとき、ドイツの新聞で読んだ。ヒュリエットのニュースは、ドイツの新聞にも取り上げられたのだ。自分の生まれ故郷の、もちろんよく知っているハッジが見たと言っている。だからそれをよく覚えていた。そして、ハッジが見たっていうならほんとうに見たんだろう――そう思っていたというのだ。

目眩がする思いだ。

相変わらずここでは奇縁が続いている。えんえんと続いている。

魔術的リアリズム小説のノンフィクションと言ったら、矛盾もいいところだが、この変さ加減を説明する言葉が見当たらない。

やっぱり、これは「小説現代」じゃなくて「小説天台」に発表すべき旅なのかもしれない。

アウジ一族の陰謀

湖一周第三日の朝は寂しいほどに爽快だった。

空は雲ひとつなく晴れ渡り、風はさわやか……なんてどうでもいい。ここはいつも快晴でさっぱりしている。

それよりなんといっても今日でこの湖一周が終わるのだ。

任務を終えてホッとするような、ここから離れるのが寂しいような、透明な冷たさがひたひたと心に沁みる。

いつものように村を訪ねながら進む。二日目の宿泊地タトゥワンという町から南岸を行く。街道から砂利道に入る。この辺は起伏のある山で、木もあれば緑も豊かだ。エンギンに言わせれば、「ここでは政府とＰＫＫの戦闘や、軍による焼き払いがなかったせい」とのことだ。

相変わらず、車内ではクルド音楽が鳴り続けている。

物悲しさがなつかしさにもつながるクルドの調べを聞きながら、木立のつくる緑のトンネルをくぐっていくとその美しさに涙が出そうなくらいだった。

湖をずっと眺め続けているわけだからふつうならだんだん美景にも飽きてくるはずなのに、いっこうに飽きない。それどころか、前の美景を超える美景が登場する。風が涼やかだ。確実に夏から秋へと季節が移ろっている。ここでは秋は短いらしく、人々はすでに冬支度をはじめていた。

羊から刈り取ったばかりのウールを洗っている人もいれば、干し草を積み上げている人もいる。ある村では、葦を大量に刈り入れていた。この辺りは真冬には腰の高さまで雪が積もるという。当然家畜のエサになる草はない。だから備蓄用の干し草を二階家ほどの高さに積み上げているが、それも雪を直接かぶると傷むので、葦の覆いをかけておくのだそうだ。

リンゴ、杏（あんず）、トマト、パプリカを庭に敷いたゴザの上に敷き詰めている家もあった。冬場には家畜だけでなく人間の食料もなくなるので、今のうちから干しておくのだ。

近寄ってみれば、トマトやパプリカはすっかり乾燥しながらも鮮やかな赤やオレンジの色を残している。かじってみると甘い。

「これ、うまいっすねえ」私より格段に野菜の味を知っている森も言う。

生のままより旨みが増しているような気がする。リンゴやトマトには大粒の塩が大雑把に振られている。岩塩だ。これも舐めてみると、おいしい。

こんな景色のなかを「ジャナワールを見たことがありますか?」と訊いてまわるの

は滑稽だが、訊かれた村の人たちはそれを上回る痛快な天然ボケで返してくれる。

杖を手に、戸外に出した椅子に腰を下ろしていたじいさまは、「ヨック、ヨック（おらん、おらん）！」と大声で繰り返したあと、「村にはおらん。あそこにおる」と杖で鋭く湖を指し、エンギンも私たちも爆笑してしまった。

一台の古い「ライトバン」に十人でギュウギュウに乗り込んでいた一団が通りかかったので、追いすがって「ジャナワール、見たことありますかー？」と訊いたら、車に詰まってなくても苦しそうなくらい太ったおばさんが「キツネなら見たことあるけどねー」と叫び、コロコロとした笑い声を残していった。

ぶらぶらしていた若者は、こちらが訊ねる前に「あんたら、ジャナワールを探してるんだろう？　新聞で読んだよ」とニヤッとした。

「で、ジャナワールはいたの？」

これには返す言葉もなく苦笑するしかなかった。

三つ目の村はまるで桃源郷のようだった。エメラルドグリーンの静かな入り江にひっそりと村がある。

「フィリピンのエル・ニドみたいだ……」森がそっとつぶやく。

「どこ、それ？」初耳の私が訊くと、「そういう凄くきれいなところがあるんですよ」

と森は辛抱を感じさせる口調で答えた。

「あ、あそこか、昔、宮沢りえがアイドル時代にヌードを撮った……」

「それはサンタ・フェでしょ！」

「あ、そっか」

これ以上喋ると景観破壊か人権侵害にも至りそうで私は口をつぐんだ。

とにかく世界の美しいものをさんざん見てきた森がそういうのなら、よほどきれいなのだろう。そんな景観がまったく手つかずで残っているのである。

車を止め、水際まで下りてみた。

至近距離で見ても淡いエメラルドグリーンが日差しにゆらめく。南の島だってこんな綺麗なビーチはなかなかないだろう。私は見たことがない。

私が美景に惚けていると、末澤が裸足で水に入り、あろうことか「三日も履きっぱなし」という靴下をごしごし洗い出した。

「何してんだ？」

「いや、せっかくですから」

何がせっかくなのか。ここまで完璧にムードを壊すやつもいない。

「あ、高野さん、ほんとに汚れがどんどん落ちますよ」

あ、そういうことか。ワン湖の水はアルカリ度が高いから、石けんなしでも汚れが落ちるというもっぱらの評判だった。彼はそれを実地で試していたのだ。

末澤が骨ばって毛深いゴボウのような足をむきだしで、くたびれた靴下をせっせと洗っている風景さえ、「南の島の少年」みたいで絵になってしまっていた。

どんなつまらないものでも、ここでは得がたいものに見えてしまう。

それがワン湖の力である。


さて、ここで終われば美しくて、なんだかよくわからないけど「イル・ポスティーノ」とか「ニュー・シネマ・パラダイス」というイメージなのだが、そのままでは終わらないのがワン湖のもう一つの顔だ。

最後にして最大の山場、インキョイ村が待ち構えているのだ。

インキョイ村はこれまで幾度となく目撃談や噂で登場した。湖の東岸と北岸ではジャナワールを信じる人は少数派だったが、その彼らでも「ジャナワールはインキョイにいる」「ジャナワールを見たが、インキョイのほうに去って行った」などと言っていた。

インキョイ＝怪獣の本拠地と考えている人が多いのだ。

もっとも私たちにしてみたら、インキョイ＝妖怪の本拠地である。

以前、レジェップ・アウジというゲジゲジ眉毛の小悪党が私たちにビデオを売りつけようとした。そのあとに会ったゲヴァシュ郡長にも同じ映像を見せられた。要はアウジ兄弟が撮影したヤラセビデオを郡長がテレビに売りつけ、それをレジェップ・アウジがもう一度私たちに売って二度儲けようとしたわけだが、その撮影現場がインキョイである。

それだけではない。あとで聞いたところでは、アウジ兄弟自身がインキョイ村の出身であり、さらにエンギンとイヒサンによれば、インキョイ村は「苗字が全部アウジだ」という。つまり、インキョイ村は全員が親戚であり、一族郎党が結束してアスパラガス攻勢をかけている可能性大である。

だから「妖怪の本拠地」なのだ。

私は心のBGMを「イル・ポスティーノ」から「犬神家の一族」に変えた。

インキョイ村は驚くほど僻地(へきち)だった。

湖の他の部分とちがい、インキョイ付近は険しい山がそのまま水没したような地形をしている。〝リアス式湖岸〟と言えばわかりやすいだろうか。

絶壁を削ってつくった土砂の道をなんとか進むが、車はよくタイヤを土砂にとられ、ずずっと嫌な音を立ててすべる。

でかい落石がごろごろしている場所もあった。上を見上げると岸壁は手でちぎったカステラの断面みたいにボロボロで、いつ次の巨石が降ってくるかわからない。

ひやひやしていると、森が「トルコではよくバスが落ちるんですよね」と言い、末澤が「日本人もときどき死んでますよね」と同調する。なんのためにそんな不吉な話をするのかわからないが、どうも黙ったままでいると不安になるらしい。

「高野さん、よかったですね。ここは高野さんの好きな辺境ですよ！」不安を通り越し、ナチュラルハイ気味の森がわめいた。

「イヒサンの運転するこの車じゃないとここは来れない」エンギンも重々しく言う。

伝説は土地がつくる。ワン湖のジャナワールがまさにそうだが、ジャナの本拠地がインキョイ村というのも同じだろう。湖を一周してきたからよくわかる。ここは圧倒的にアクセスが困難だ。山が切り立っているということは湖も深いはずで、何がいてもおかしくない雰囲気がある。

直前の村から一時間もかけてようやくインキョイ村に到着した。さきほどの「エル・ニド村」ほど絶対的な美しさはないが、ここも静かな入り江があった。小ぶりな漁船が数隻浮かび、羊の群れが大きな木の陰にくつろいでいる。崖っぷちを延々と走ってきただけに隠れ里のひっそりとした安らぎがあった。

しかし、ホッとしたのも束の間で、ここではアウジ一族との対面が待っているのだった。

手近にいた年寄りが案内してくれ、まもなく村長のアギット・アウジとその兄で副村長のネジデット・アウジが現れた。庭に出した椅子にそれぞれが腰をおろす。

彼らは都会の人間のようにこざっぱりとした身なりだったが、驚いたことに二人とも不快とも憂鬱ともつかない表情でにこりともしない。トルコの田舎で、私たち外国人に会って、こんな顔をしている人は初めてだ。

風景や人間がシチリアのようだし、太い金のネックレスをした毛深いヒゲ面の男たちが憂いに沈んでいる様子は、「犬神家の一族」というより「ゴッドファーザー」に近い。

早く終わらせたいのでかまわず話をどんどん聞いていく。

この村には他の苗字も二つあるというから全部がアウジ一族ではないが、主要ポストを独占しているところからもアウジ一族が牛耳っているようだ。あのゲジゲジ眉毛の小悪党レジェップ・アウジと、例のヤラセビデオ撮影者ムウダル・アウジの兄弟は、村長たちの叔父だという。

私たちが「そのビデオを見ましたよ」と言うと、村長は不愉快な顔のまま言った。

「オレたちがそのビデオをレジェップに渡し、レジェップがそれを郡長に渡した。郡長はそれを誰にも見せない、誰にも売らないと約束したのに、勝手に売って大金を稼いだ。オレたちには一銭もよこさない……」

そういうことだったのか。

思ったとおり、地元の有力者アウジ一族が「悪代官」の郡長と結託してあのヤラセビデオを作ったのだろう。ところが結局は悪代官に裏切られた。ビデオの話は思い出したくもないというところらしい。

彼らが言うには、湖上でのパトロールとは別に、二、三年前から村の男たちが毎日、交代制で歩いて一時間ほどの高台から湖を監視しているという。もちろん、ジャナを発見するためだ。

「それは村の公式活動ってわけですね？」私が冗談まじりに言うと、そこで初めてしかめ面の村長がため息まじりに笑みをもらした。

「他に何も産業がないからね」

公式活動では数回怪獣を目撃したが、望遠カメラもないことから撮影にはいたっていないという。

ここで急に気が楽になったらしく、村長はゆったりとした口調でいろいろな話をしたが、なにより意外だったのは、「この村まで来たジャーナリストはあんたたちが初めてだ」と言われたことだ。

なんと、あれだけ騒がれたジャナワール、一九九五年の十一月一日に国民を熱狂の渦に陥れ、国会を紛糾させたあげく国会特別調査隊まで結成されたジャナワールなのに、トルコ本国内ですら、誰もその「本拠地」に来なかったとは。

道路があんなひどい状態だし、その道路も数年前やっとできたもので、それまでは――そして今でもたいていは――船でしか行き来できなかったというから、気軽に来られる場所ではないが、それにしてもである。

肝心の場所を誰も何も確かめないうちに、ジャナはいっとき世間を騒がし、そして「終わった」のだ。

村長兄弟に目撃談をいちおう聞いてみる。本人たちは二人とも見たことがなく、すべて他人の又聞きだった。それもこれまでの村と大して変わらぬ、パッとしない話である。

「何か、大きな死体のような漂流物は？」これまで訪れた三十にも及ぶすべての村で訊いたのと同じことを訊いた。

「見たことないね」答えはいつもと同じように簡単なものだった。

小一時間して私たちは立ち上がり、彼らと握手した。最初とは見違えるほどにこやかで「また調査に来ていただきたい」と言われた。

また、はないだろう。これで「調査」は終了なのだから。

木の下で食事をとっていた農夫が
目撃の様子を語る

“怪獣の本拠地”ともいうべきインキョイ村のアギット・アウジ村長

トラム（路面電車）に乗る末澤（左）と筆者（イスタンブール市内）

ワン湖のジャナワール、それは伝説だった。世界でも稀(まれ)なこの特殊な湖が生み出した幻だった。

そう結論づけた私は、何かやり遂げた充足感と心地よい疲労を感じながら、村をあとにした。

まさかその数十分後に大騒動が勃発するとは夢にも思わずに。

第4章 謎の物体を追え！

謎の物体、発見！

調査はほぼ終了した。湖一周の旅はまだ南岸部分が半分ほど残っているが、すでにゲヴァシュ郡内であり、私たちはもう二度も訪れて目撃証言も得ている。あとは形式的に漂着物についていくつかの場所で訊ねればよいだけだった。

インキョイ村を出た時点でまだ午後五時前である。ここからワンの町まで余裕を見ても二時間半あれば着く。だから十分その日中に帰ることができたのだが、今晩はインキョイ村にいちばん近いアルトゥンサチ村に泊まることになっていた。

私たちは今回の旅でぜひクルドの村に泊まりたいと熱望していたが、これまでは叶わないでいた。私たちは五人もいる。一人や二人ならともかく、こんな大人数をいきなり受け入れられる家など、これまでの村ではなかったのだ。

では、なぜアルトゥンサチ村ならＯＫなのかというと、実はここはエンギンのおじいさん、お父さんの故郷で、今でも彼の叔父さんが暮らしている。そこに泊めてもらうというわけだ。ちなみに昨年、羊の大量自殺が起きたのはまさにこの村だった。またもや奇遇である。

私たちはすでに昼間のうちに、雑貨屋で大量のお菓子を仕入れていた。エンギンがいちばんたくさん金を出したが、私たちも四人がそれぞれ十リラ（約八百五十円）ずつ出した。それをアルトゥンサチ村だけでなく車で通った全ての村で子どもたちに配りまくっている。

トルコの人が久しぶりに故郷に帰るときにはそうするのだという。

「昔そんな習慣があったってイスタンブールで聞いたことありますけど、ここでは今でもちゃんと生きてるんですねえ」末澤は感心しきっていた。

そんな古き良き伝統が息づいている村に泊まれるというのは楽しみだ。

再び、崖っぷちの一本道をうねうねと登ったり下りたりしながら車は慎重に進む。イヒサンの運転は正確で安心できるものだとわかったので、私たちは行きとちがい、緊張することもなく、余裕をもって湖の景色を楽しんだ。山がそのまま水没したようになっている、つまりダム湖のような地形なので、いくつもの深い入り江がある。午後も五時ごろで、斜光が差し、入り江に打ち寄せるさざ波が黄金色に光っているところもある。

いったん崖っぷちから解放され、ちょっとなだらかな谷にさしかかったときだった。

突然、背後から森が叫んだ。

「あ、何か黒いものがいる！　あれ、なんだ⁉」

森は湖を指差している。

左の窓から湖を見るが、岸からはかなり遠いし、車が揺れるのでよくわからない。

「ストップ！」私も叫んだ。イヒサンがブレーキを踏むやいなや、みんなは車から転がり出た。

私たちは谷の小高くなった場所から入り江を見下ろした。

ほんとだ。何か黒い物体が水面に見える。しかもいくつもある。

この旅では末澤と森が交替で、ごくたまに私が、インタビューや湖の景色をビデオに収めていた。そのときビデオカメラは森の手元にあり、彼はすぐに撮影をはじめた。

イヒサンも自分のビデオカメラをあわてて回しはじめた。

私たちのいるところから岸辺まで五百メートルくらい、物体はさらに岸から百メートルくらい向こうだとあとでわかったが、そのときはそういうことには全く気がまわらなかった。

物体はなんとも表現しがたいものだった。

肉眼でもそれが浮いたり沈んだりしているのがわかった。大きさは二メートルから三メートルくらいか。巨大な魚とか動物という雰囲気ではない。巨大な個体なら水面に現れるとき、泳いでいるわけだから、ぬるっと、あるいはぽちゃんと、多少は前後左右に動きながら浮上するはずだが、その物体は垂直に上昇したり沈んだりしているようだった。

「あ、あれ、なんだ……？　魚か……？」

ビデオを回している森が叫ぶ。ビデオはズームがあるので肉眼よりはるかに大きく見えるのだ。

一貫してジャナを信じていなかったはずの森がいちばん大騒ぎしている。

「わっ、なんだ、ギザギザしてる！　うわっ、気持ちわりぃ！」

私もモニターをのぞいてみる。たしかに物体がときどきぶわっと浮かび上がると、それは全体的には平べったいのだが、ブツブツというかギザギザしたものが表面についている。

私はイヒサンの双眼鏡で観察したが、ビデオのズームより若干よく見える程度で、何かはさっぱりわからない。

しかし、この段階で、私たち日本人三人は正直言ってそれほど興奮していなかった。魚の群れか何かだと思ったからだ。少なくとも、巨大ＵＭＡとしてのジャナワールだとは思わなかった。

だいたい、聞き取り調査が全行程終了し、「ジャナワール存在せず」と結論づけた直後である。

エンギンもふざけていて、ときどき森のビデオの前に顔を出して舌をベロベロ出してみたり、「オレは優秀なガイドだろ？　インキョイの連中は三年も毎日観察してまだ映像を撮ってないのに、俺たちは一日で見つけちゃったんだからな。うひゃひゃひゃ」とバカ笑いしている。

「シ！」と厳しい息の音がした。

イヒサンである。

彼だけは恐ろしく真剣だった。

「タカノ、タカノ！」と私を傍らに呼び、「見ろ、三匹いるぞ……。ほら、また動いた。ほら、わかるだろ？」

めちゃくちゃに興奮して、片言の英語でまくしたてる。

私には何か黒っぽいものがなんとなく、いくつもいるとしか見えないのに、イヒサンにははっきり三匹と確認できるらしい。

「魚じゃないの、あれ？」私は遠慮がちに言ったが、彼は目をモニターに向けたまま低く怒鳴った。

「ノー、ジャナワールだ、ジャナワール！　でかいぞ、これは‼」「クジラみたいな背中をしてる！」

私は何と答えたらいいかわからず、困惑した。

物体は入り江のそこかしこにあった、あるいはいた。しかも時間が長い。五分、十分と経過しても相変わらず浮いたり沈んだりしている。

浮かび上がるときにはびっしりと生えたトゲのようなものがぶわっと現れ、鳥肌が立つほど不気味だ。

浮き上がるときにプシューッと水を噴出しているようにも見える。

すごく奇妙だ。ほんとうに魚の群れなんだろうか。

「あれ、やっぱり魚？」私は森に訊ねた。

森は仕事に集中できなくなるから極力控えているというくらいの釣り好きで、好きな食べ物も魚、旅先でも魚市場に行くと目の色が変わるという魚マニアだ。取材や私用で、日本全国と海外のそこら中で魚を見て来ている。当然、ひじょうに詳しい。

「んんん……、変ですね……」森は難しい顔をしている。

「ボラなんかだと群れで水面に集まったりするけど……、あれ、やっぱ、魚じゃないですよ。うん、魚の動きじゃない」

「え、魚じゃない？　じゃあ、何だよ？」私は屋根にのぼってのんびりしてたら突然梯子（はしご）をはずされたみたいな気持ちになった。

「何でしょうね……、いや、ほんと……、わかんないな……」最後のほうは独り言のようで、森は物体を凝視している。

魚じゃない？　じゃ、いったい何だ？

いよいよ私たちは謎の物体を見ていることになってきた。

十八年前のコンゴの怪獣探査以来、これまでいろんな未知動物を探してきたが、自分が〝目撃者〟になったのは初めてであった。

「何だろう？」

「何でしょうね」

私は笑いながら今度は末澤と同じ会話を繰り返した。末澤もやっぱりへらへらと笑っている。

「何だろう」という以外に言葉がない。そして、なんだか妙におかしくて笑ってしまう。

あー、これが当事者の感覚なのかと私は口元が緩んだまま思った。

これまでワン湖周辺で何十人もの「目撃者」に話を聞いた。ヌトゥク教授の本でも四十八人分の目撃証言を読んでいる。それをある程度理解していたつもりだが、いざ、自分で見てみると全然印象がちがう。

どうしてこう目撃証言が曖昧なんだろうとよく思っていたが、実際に今自分が目の前にしているもの、それを言葉で表現することができない。曲がりなりにも言語表現で飯を食っている人間なのにだ。

大きさは「けっこうでかい」としか言えない。それも一つの個体なのか群れなのか判別がつかない。もしそれが群れだとしても、浮いたり沈んだりしているので、全部でいくつあるのかはっきりしない。

動いているといえば動いているが、移動しているのかどうかわからず、「その場でじっとしている」とも言える。浮いたり沈んだりするときは一瞬で、それだけ見れば「素早い」が全体的にはその場でじっとしているともいえる。

おいおい、めちゃくちゃ曖昧じゃないか。しかも矛盾している。

これをずいぶん時間が経ってから誰かに説明する場合、人によってどの部分を強く記憶するかで描写はまったく変わってくるだろう。実際、イヒサンにはあれが「三匹の巨大な動物」に見えているのである。それにあの黒いものがクジラの背中みたいだという。「ギザギザ」を捨象して平べったいところに注目するとそうなるらしい。

今私たちが見ているものは、巨大ＵＭＡかどうかは別として、ジャナワールの「正体」である可能性が高いなと私は思った。

ジャナワールには、ネッシーやムベンベなどの、通常の他の湖系ＵＭＡとちがう点がいくつかある。

（1）通常、目撃時間は「ほんの一瞬」だが、ジャナは数十分といった長時間の目撃談が妙に多い。

（2）通常、目撃者の数は多くない。「ボートに乗っていた五、六人」程度。一方、ジャナは数十人から百人という集団目撃がいくつもある。目撃時間が長いから人が集まってくるので（1）と重なる。

（3）通常、一度に目撃されるのは一匹だけだが、ジャナは二匹や三匹という複数で目撃されることが多い。

（4）通常は、目撃されるUMAの動きは速いかゆっくりかのどちらかだが、ジャナの場合、「素早い」と「じっとしている」という正反対の話が同居していることがある。

（5）通常は、背中がなめらかだが、ジャナは背中が「ギザギザ」と描写されることが多い。

（6）通常、頭はよく目撃されるが、ジャナに関しては「頭を見た」という人がごく少数である。もっぱら「黒っぽいかたまり」として認識されている。

（7）「潮を吹いている（水を噴出している）のを見た」というのは、ジャナに独特の目撃談であり、他ではほとんど聞かない。

これらの「ユニークな特徴」は、目の前の物体を目撃したと考えればすべて納得がいく。肝心の物体の正体はわからないにしてもだ。

それから「目撃者の心理」というのも初めて味わった。てっきり、とんでもなく興奮するだろうと思ったが、ちょっとちがう。図鑑にあるような恐竜や古代生物がぐいっと頭をもたげたりしたら話は別だろうが、何かわからないので、興奮するというより「なんだ、なんだ？」と首をかしげ、眉をひそめ、頭をポリポリかき……そう、ただただ困惑するのだ。

正体不明なものを見ると興奮せずに困ってしまう。これは発見だった。困惑しているから、みんなでへらへらするしかないのだ。正体が巨大UMAだと確信しているイヒサンだけが興奮していたのも、それを逆の意味で証明している。

物体が遠くに、しかも水のなかにいるというのも困惑の要因だ。とりあえず向こうがこちらに害を与えることもないし、私たちが向こうを追いかけたり捕まえたりできるわけでもない。

そんな思考を巡らせている私をあざ笑うかのように、いくつものバカでかいものが浮いたり沈んだりを繰り返している。

なにか、「陽気な無力感」というものを感じる。

「これをあとで人に訊かれても困るな……」と私はぼんやり思った。

今まで目撃談が切迫してないとか情熱がないとか言いたい放題だったが、今になって「そりゃそうだ」とわかる。なにしろ、目の前で見ているときですら困惑しているのだ。それをあとで他人に説明したらますます困惑するに決まっている。ただ不思議なものというのは、切迫とか情熱という感情とは無縁なのである。

私たちはこうして二十分ほど目撃を続けるというか眺めていた。

場所を変えることにした。車で数百メートル進み、いちばん近いと思われるところで止まった。また観察と撮影。

ここでたまたま現地の人が通りがかった。街道沿いの村に住むという青年だ。お、地元民か！　あの変なものの正体が何であれ、彼に聞けば一発でわかるにちがいない。私は興奮した。

「何か変なものがある。あれ、なに？」エンギンを通して訊く。

青年は湖をちらっと見て、「あー、魚か鳥だろ」と答えた。

え、そんな……。

現地の人間がまったく反応しないというのはけっこうな一撃だった。

少なくとも未知動物ではない。

正直がっかりした。なんだかんだ言っても、やっぱり未知動物であってほしかった。

「なーんだ」「魚だって。ちゃんちゃん」「あーあ」などと私たちは今までの驚きがバカらしくなり、それぞれが照れ隠しにおどけたが、しかし、これがジャナワールと呼ばれる怪獣の有力な正体なのは変わらないから、そのままビデオ撮影は続けた。

青年と立ち話を続けていたエンギンが私を大声で呼んだ。

「おい、タナコ、こっち来い。すごいぞ。彼は十年前にジャナワールを見たことがあるんだ」

私は思わず切れそうになった。ただでさえ、「ジャナワール」が巨大未知動物ではないらしいと判明してむしゃくしゃしているのに、何が十年前に見た、だ。

「もうそんな話はいらん！　ジャナワールは今あそこにいるやつだけで十分だ」と私は怒鳴った。

そんなやりとりの最中でも物体はあちこちで浮いたり沈んだりしていた。なんだか不思議を通り越し、シュールな光景である。

それを見ていると、やっぱりふつうのものには見えない。現地の若者もいつの間にかいなくなり、私は釈然としない思いが再び強まってきた。

六時。目撃を始めて約三十分、夕暮れが近づき、だんだん物体の動きが鈍くなり、やがて薄暮に紛れて見えなくなった。

私たちは撮影を打ち切り、車に乗り込んだ。

車はエンギンの叔父さんの村、アルトゥンサチへ向かって走り出した。

「あれ、なんだったんだろ？」

車内でもやっぱり話すことは同じだ。

「さっき通りかかった人は『魚か鳥』って言ってたけど、少なくとも鳥じゃないですよね」と末澤が言う。確かにそうだ。魚はともかく鳥でないことはまちがいない。

「そうだな、鳥じゃないな」

「よく見てなかったんじゃないですかね、あの人」

「あー、その可能性高いな。ちらっと見ただけじゃあれはわからないもん」と森も同調する。

いくら現地の人間でもちゃんと見てないなら言うこともあてにならない。物体は再び何か未知のものの可能性を帯びてきた。

「アルトゥンサチに着いたら」と私は前の助手席にいるエンギンに声をかけた。

「君の叔父さんに見てもらおうよ。叔父さんなら地元の人だし、なんだかわかるだろう」「オーケー」とエンギンは答えた。

この辺から私はだんだん胸がときめいてきた。エンギン叔父の一言で、あの物体が当たりかはずれかわかる。

こういう事態も想像していなかった。

想像してないといえば、謎の物体を目撃した一行がケンカを始めるというのも予想できなかった。

イヒサンとエンギンである。

初めはいつものようにエンギンが「イヒサン・アビ、テンニュー！」と何事かからかい、イヒサンが言葉少なに言い返していたが、今回に限ってはイヒサンの顔がこわい。

急に後ろ、つまりこっちを振り返って、大声で訊く。

「タカノ、あれはジャナワールだよな？　見ただろ？　でかいやつ、三匹？」

「訊く」というより「同意」を迫っている。

「うーん、そうかもしれないけど、エンギンの叔父さんに訊いたほうがいいんじゃない……」イヒサンの剣幕に押されて、私はごにょごにょと言葉を濁した。

彼は不満そうに鼻をならした。ふだん紳士の彼とは別人のようだ。さらに彼はエンギンに激しい口調で何かつっかかっている。エンギンも子どものように口を尖らせ、言い返している。

あれはジャナワールだとイヒサンが主張し、エンギンがちがうと言っているのだろう。

ついにはエンギンは沈黙してしまった。私の方を振り向き、「もう、オレは疲れた。あんなもの見なきゃよかった」と言った。涙目である。

参った。謎の怪獣探しに出かけ、思いがけず謎の物体を目撃したのだからハッピーになれるはずなのだが、意見が割れると逆に「見なきゃよかった」ということになるのか。

集団目撃の危険性にも気づかされた。百人で見ても信憑性が百倍になるわけじゃないのだ。集団では声の大きい人間が勝つという、一般世間の法則がここでもあてはまるのだ。

私らのちっぽけな集団でさえ、イヒサンの主張にみんな反論できないのだ。ましてや、集団の中に地元の有力者なんかがいたらどうだろう。村長なり郡長なり副知事なりが「あれはまちがいなくジャナワールだ。頭はドラゴンのようで体は十メートルもあった」と言えば、他の九十九人はもう何も言えないじゃないか。「あれ、黒っぽい物体にしか見えなかったよなあ……」と、あとで仲間内でささやきあうのがせいぜいだろう。

エンギンが黙り込んだのに、イヒサンはまだ唾を飛ばしながら罵り続けている。ワシ鼻の横顔がシルエットになると、猛禽(もうきん)そのものという感じで、ちょっと常軌を逸した興奮ぶりだ。真っ暗な崖っぷちの道なのにろくに前を見ていない。ときどき、ハンドルから手を離して振り回したりもする。エンギンが悲痛な声で抗弁する。

この仲好しコンビが仲間割れをしていること自体が驚きだったが、何より危険極まりない。これで車が崖から転落して全員死亡となればジャナの呪いになってしまう。いや、われわれが謎のブツを目撃したことさえ世間に知られないままだから、呪いだともわかってもらえない。それはイヤだ。

「イヒサン、落ち着いてくれ！」私は必死で割って入った。イヒサンにもわかるように簡単な英語で何か言わねば……。

「そんなに怒らないで。落ち着こう。オレたちはみんなプロフェッショナルじゃないか。イヒサンはプロのジャーナリストだし、エンギンはプロのガイド、オレはプロのライター、モリはプロのフォトグラファー……」

ここまで喋って私は何かちがうと思ったが、勢いで最後まで行ってしまった。

「……そして、スエザワはプロの……スチューデントだ！」

「プロの学生⁉」森と末澤が同時に失笑した。前の二人も思わずにやっとしている。

私は赤面したが、このバカ発言と失笑で図らずも車内の空気は一気に緩んだ。

ようやくイヒサンは落ち着きをとりもどし、車も安全運転に戻った。

まったく何が幸いするかわからないものである。

立場大逆転

アルトゥンサチ村に到着したのは夜の七時ごろだった。

エンギンの叔父さん宅に荷物を担いで入る。昼間、行きがけに見たところでは外は白塗りの壁で、この辺の民家にしては瀟洒な感じがした。通された居間兼客間も分厚い絨毯がしきつめられ、清潔で居心地がよかった。テレビやビデオもちゃんとそろっている。暮らし向きはよさそうだ。

しかしせっかく訪れたこの家の暮らし向きを吟味している者は誰もいない。とにもかくにもビデオチェックである。

叔父さんは外出中でまだ帰っていないとのことだった。家族の他の人はビデオの接続方法がわからないという。そこでしばらく、ドイツの衛星チャンネルのものだという、「クルド伝統音楽の夕べ」みたいな番組を見ながら待つ。

時間がやけに長く感じられる。

一時間ほどしてやっと叔父さんが帰ってきた。四十代半ばほどに見えるが、実際はおそらく私とさして年齢が変わらないか、もっと若いだろう。ちょっとシャイな微笑みを浮かべ、挨拶した。

エンギンによれば、叔父さんは先ほどの現場から最も近いこの村に生まれ育ち、職業は大工だが、魚が好きで、湖のことも詳しいはずだとのことだ。つまり叔父さんに見せれば、答えは一発で出るはずなのだ。

　エンギンが事情を話すと、叔父さんはうなずいてビデオカメラをテレビにつなげた。いつの間にか、十畳くらいの部屋には女性と若者、子どもが合わせて十人も集まっていた。誰がここの家族かわからない。

　私はエンギンに「叔父さんには何も説明するな。場所も時間も状況も」と注意していた。先入観を持ってほしくなかったのだ。

「わかってるよ」エンギンはニヤリとした。実家同然の親戚宅に到着し、気持ちがすっかり落ち着いたようだ。

「もうそういうふうに頼んである。まず何も言わずに見てくれ、そしてあとで率直な感想を言ってくれってね」

　叔父さんがリモコンで再生のスイッチを入れた。私は緊張した。私の隣で、イヒサンが獲物を狙うワシの目で画面に集中している。

「あ、あれ、なんだ？　魚か？」という森の素っ頓狂（すっとんきょう）な声がクルドの民家に響いた。

　あらためてテレビの画面で見ても変な代物だ。私はちらちらと叔父さんの様子をうかがった。中東の人らしく、片膝を立ててその膝で頬杖をついた叔父さんは表情を変えずに、画面を見ていた。特に驚いた様子は見えない。

こりゃハズレかな、と私は思った。

一通り見ると、ビデオを止め、エンギンが改まった口調で叔父さんに聞いた。

「叔父さん、あれは何だと思う？」

沈黙がおち、みなが固唾を呑んで見守るなか、叔父さんは淡々と答えた。

エンギンとイヒサンが目と口を開けて二人で顔を見合わせた。エンギンは私たちに早口で通訳する。

「わからない。あんなものは見たことがないってさ！」

「え、わからない？　見たことない？」

私たちも驚いた。今日一日でいちばん驚いたといっていい。ここで片がつく、十中八九、「あー、こりゃ××だよ」という締めくくりになると思ったのに彼もまた「わからない」？

私たちは彼に「あれは魚じゃないのか？」と訊いたが、「いや、ちがう。動き方がちがう。絶対に魚じゃない」ときっぱり否定した。

イヒサンが得意気にこちらを見て、「ほら見ろ！」とばかりに両手を広げた。

「あれは大きなものが背中をあげたのかも……」と森が言うと、イヒサンは「君はグッドマン（いい奴）だ！」とにっこりした。まるで今まで反論していた私とエンギンが「バッドマン（悪い奴）」みたいだ。

その後、彼の奥さん、つまりエンギンの叔母さんも近所の人たちとやってきて、同じようにビデオを見てもらったが、やはり誰もが「見たことない。魚じゃない。なんだかわからない」という。叔母さんに至っては、心から感心した様子で、「今までは見たことなかったから信じてなかったけど、ジャナワールってほんとにいるのねー」と言い出す有り様だ。

エンギンもころっと態度を変え、「これはジャナワールだ」と断定した。

居合わせたほかの大人たちの答えも同様だ。

彼らの反応は淡々としたものだった。首をひねって「なんだろう？」という表情を浮かべたり、くすくす笑ったりという感じで、私たちが目撃したときと変わらない。不思議なものにはみんな同じような反応を示すようである。

ちなみに、私はビデオ鑑賞のあとで、エンギン叔父に「この場所がどこかわかります？」と訊いた。

「あー、ケプケイックだ」と即座に返事がかえってきた。入り江の名前だそうだ。ここアルトゥンサチからインキョイの間には二十以上の入り江があり、それぞれ名前がついているらしい。われわれのような外部の人間には見分けがつかないが、彼は一発でどこだかわかったようだ。現地を熟知しているという以前に、まるっきり「近所」

の感覚らしい。

そんな彼も物体が何かわからないという。

私たちは顔を見合わせた。

「なんか、たいへんなことになってきたな」私は言った。「現地の人がわからないってどういうことだよ？」

「ジャナかどうかわからないけど、なにか凄い発見かもしれないですね」柳風男の末澤もいつになく意気込んでいる。

「早くワンに帰って、イヒサンはこの映像を配信したほうがいいんじゃないかな？」かつて「フライデー」編集部にいた森も、当時のスクープ精神が蘇（よみがえ）ったのか気がはやっている。

謎は解決するどころか深まるばかりだ。

自家製の大きなパンを皿代わりに羊肉のトマトソース煮込みのディナーをいただき、私たちは長い長い一日を終えた。

床にじかに敷いた日本のものによく似たふとんにもぐりこみ眠りにつく。

これからどうなるのだろうと思いながら。

ワンに帰ったのは翌朝である。

元の安ホテルに到着すると、フロントの人が嬉しそうに「あー、お帰り！」と話しかけてきた。

「あんたたちのことは新聞で読んだよ。それでジャナワールは見つかったか？」

「それが見つかったんだよ」私がにやにやして答えると、彼は冗談だと思ったらしく、笑っていたが、そばでエンギンが、

「いや、ほんとうなんだ。ビデオにも撮った。これから通信社にもっていくところだ」と真顔で言うと、人のいい彼は黙りこみ、心配そうな目で、忙しく荷物を運ぶ私をみやった。どうかしてしまったと思ったようである。

興奮冷めやらぬまま、私たちはそれぞれ日本の家族に電話をしたりメールを打ったりした。私も妻に久しぶりの電話を入れた。

「怪獣、見つかった？」とフロント係と同じことを言うので、「それがいたんだよ」と事情を説明したら「ええ⁉」とさすがに驚いていた。しかし、私の妻は深読みをする。

「今度はあんたが目撃やビデオを疑われたりしてね」と笑った。

「まさか、あはは」私も明るく笑った。

気分はすごく晴れやかだ。

正午、ジュムヒュリエット通りの、イヒサンが所属しているアナトリア通信ワン支局に五人そろって出頭した。待ち構えていた支局長に映像を見せる。

例によって赤いネクタイをしめ、いかにもベテランのジャーナリストにして上司という余裕と貫禄を醸し出している支局長はビデオを十分ほど見てから言った。

「メルテム（極右の元電気屋）のビデオなんか、ありゃニセモノだったが、これはちがう。なにしろイヒサンが撮ったんだからな」

さり気なく、ジャナ映像として最も信憑性が高いといわれるメルテム・ビデオを「アスパラガス」と明言したわけだが、今の私たちにとっては他人のビデオなどどうでもいい。

まじめで働き者のイヒサンが評価されているのはほんとうのようだ。しかし肝心の映像については支局長はあまりそそられた感じではなかった。再生中、何度もあくびをしたり、他の人に話しかけたりしていた。謎の物体はぼんやりしているうえに、変化に乏しいので飽きる。じっと目を凝らして初めて、物体がいかに異常かがよくわかるのだ。

「もっと真剣に見ろよ！」私はひどく苛ついた。

「このビデオはアンカラの本社に送ってみる。向こうで専門家に見せて、テレビ局に売るかどうか決めるだろう」とのことだったが、さして熱意が感じられなかった。

そんなところへ、隣にオフィスを構えている「ブギュン」という新聞社がインタビューさせてくれとやってきた。

インタビュアーはまだ二十歳の女の子で、この国の女性にしては珍しくスレンダーで可憐なタイプだ。

なぜか日本のことやプライベートなことをしつこく訊く。結婚しているのかとか子どもがいるのかとか。日本のどこがいいのかなどというひじょうに漠然とした質問まで出た。

下手なインタビューの見本のようだ。ビデオで頭がいっぱいの私はうんざりして、惰性で質問に答えていたが、ジャナワールはいると思うかという質問がやっとこさ出たので、「早くビデオを見てほしい」と言った。

娘記者はビデオの存在どころか私たちが物体を目撃したことも知らなかったらしい。すごく喜んで、オフィスの隣の部屋にいた同僚たちを集めて鑑賞会となった。

しかし、これも不発だった。

「なんだかよくわかんない……」娘っ子記者はがっかりしたように言い、他の記者たちも「なに、これ？　これがジャナワール？」と明らかにバカにしたような調子だ。

私はなんだかえらく腹が立った。みんな、ちゃんと見ていたのか？　怪獣かどうかはともかく、すごく奇妙な現象じゃないか？　だいたいそのバカにしたような目つきは何だ？　私たちの目撃や映像を疑っているのか？　もしかしたら、「アスパラガス」と思ってるんじゃないか？

この期に及んで、私は今回の旅で、私たちに目撃談を語ってくれた人々を思い出した。せっかくわざわざ記憶を掘り起こして話してくれているのに、曖昧だとか熱意が感じられないとか「また同じ話かよ」などと受け流し、事務的にメモをとっていたことを心から詫びたい気持ちになった。

話を信じてもらえない、あるいは笑って受け流されるというのは、すごくむかつくことなのだ。しかも、こっちが本気になればなるほど、バカみたいに見られる。その結果、私もへらへらと照れ笑いなど浮かべてしまい、あー、もう最悪だ。

ビデオや目撃証言が本物かフェイクか——それをメインテーマにここまで来た私が、いまや立場は完全に逆転、他人に自分のビデオと目撃を判断されるハメに陥っていた。

妻の予言がもろに的中である。

それもこれも、私がさんざん人のビデオや目撃をえらそうに上から見下ろす調子で鑑定していたからなのか。

奇縁の旅は、縁がもつれていまや業（カルマ）の旅と化した。

しかし、この日、めげる私たちにトドメを刺したのは、ワン湖畔にあるユズンジユ・ユル大学であった。かつてヌトゥク教授が勤務し、ここの学生ウナル・コザックを使って、ここの出版局から例の奇書を出版したという、ジャナ問題の権威ともいえる大学だ。前に一度ふらっと見学に来ただけだが、今回は私たちはみな、異様に気合が入っている。

イヒサンの知り合いの専門家に見せて意見を求める予定だったのだがなかなか捕まらないので、業を煮やした私たちは同大学にアポなしで乗り込み、魚類か湖を専門とする先生を探した。

あちこちたらい回しにされた挙げ句、幸いにもファズ・シェン博士という四十歳くらいの生物学専攻の専任講師と面会することができた。トルコ人男性には珍しくヒゲをきれいに剃り、いかにも「気鋭」という風貌の研究者だ。

彼は一九九二年にここに着任して以来、湖と魚の生態について十四年間研究しているという。ジャナについては、

「大きめのヘビやカメ、あるいは牛や水牛を見間違える例も多いのではないか」と指摘しつつ、「インジ・ケファリ以外の生物がワン湖に生息する可能性も否定しない」と述べた。話は理路整然としているし、公正な判断力が感じられる。

今のところ、ワン湖で唯一生息が確認されている魚インジ・ケファリについては、「もともと大きい群れを作らない。唯一の例外は四月・五月の産卵期だが、湖でなく

流れ込んでいる川を移動するときのみ群れを作る。ましてや、一斉に同じ方向に動くことなどない」と説明した。私たちの撮影したものが魚の群れとは考えにくいという意味だ。

そこまで聞いて、いよいよ上映会である。

この大学には立派なミニシアターがあった。日本のものと設備もひけをとらない。水産学部の他の先生たちもぞくぞくと集まってきた。ふかふかした座席に腰を下ろす。灯りが消え、映像がはじまる。まさに映画館だ。

ここで審判が下る。私たちは期待と不安を押し殺して画面をみつめた。

カメラの小さいモニターとテレビでは印象がちがったが、映画用スクリーンの大画面で見ると、さらに見え方がちがう。後ろの席に座った末澤が「あれ、動いてないなあ、……やっぱり、動いてないなあ……」と声をあげている。

現場でもそうだし、モニターやテレビで見たときにも、物体は多少は前後左右に揺れ動いていたように見えたが、この画面では完全に止まって、ただ水面に出たり引っ込んだりしているようにも見える。

後ろの席から盛んに「クシュ！　クシュ！」という声が聞こえた。

上映が終わり、灯りがついた。

シェン博士が前に現れた。何かの賞の選考結果を発表するように重々しく口を開いた。「これは動物じゃないですね」

客席から誰か何か言ったが、彼はかまわず続けた。

「動物の動きには見えない。植物か岩でしょう」

もっと具体的にいえば、岩か葦のようなものが水面ギリギリにあるんじゃないか。そして、それが波や風によって水面から顔を出したり引っ込んだりしてるんじゃないか——ということである。

「なんだよ……」

博士の断言で私たち日本人は意気消沈した。もともとバシロサウルスとか古代の巨大未知動物の生き残りとは思ってなかったが、もっと神秘的かつ不可思議な現象じゃないかと期待していたのだ。

それが岩か植物だとは……。

もっともイヒサンとエンギンは怒りまくっていた。他の先生たちは「鳥だ」なんて無責任なことを言っていた。「クシュ」というのが鳥というトルコ語だった。鳥説だけはありえない。

エンギンたちによれば、シェン博士も最初の二、三分は「魚じゃない、他の動物みたいだ」と言っていたという。次には「私はインキョイのほうへ行ったことがないからよくわからない」に変わり、しまいには「あれは動物じゃない」と言い出した——。

「学者がそんないい加減なことしか言えないなんて、これがジャナワールだっていう何よりの証拠だ！」

二人は前日の大喧嘩がウソのように結託し、大きく飛躍して決めつけた。

そのあと、再びジュムヒュリエット通りのマスコミ・ビルに戻り、また別の新聞や雑誌の記者に呼ばれて、映像を見せたが、「よく見えないな」と、みんなロクに見もしない。しかも、大学の先生たちに「岩か植物だろう」と判定されたことを話したら、大笑いされた。

私はため息をついた。

どうしようもない。いまや私たちこそが「うさんくさい目撃者&ビデオ撮影者」なのだ。

「それならば……」と私は思った。

あとは自分たちで確かめるのみだ。他人のビデオを調査検討するのは困難極まるが、今回は自分たちのビデオだ。

要は目撃した現場に船を出して、水面と水中をチェックすればいい。岩か草があれば一発でわかる。幸い、イスタンブールに戻る予定日は明後日だ。

明日が最後の勝負になる。もし、自分たちが大マヌケならそれを見事に証明してやろうじゃないか。

不惑の怪獣探検

翌日再びインキョイ村方面に向かった。

日はすでに西に大きく傾いている。わざと前日と同じ時間帯を狙ったのだ。

準備はもう完了していた。

まず、ボート。入り江の探索にはどうしてもボートがいる。エンギンはあのゲジゲジ眉毛のレジェップに「船を出してくれないか」と頼んでみたが、案の定断られた。

まあ、いい。

もともと大きすぎる船は調査がしにくい。船から水面チェックが難しいし、エンジン音がうるさくて、もし生物がいたらたちまち逃げてしまうだろう。

探検部で使っているようなゴムボートがあれば理想的だと思った。エンギンと一緒にゴムボートを探しに行くと、あるにはあったが、後ろにエンジンも付けられる本格的なやつで、千ドル（約十二万円）もする。

そんな金銭的余裕はない。結局私たちが向かったのは玩具屋だった。この際、海水浴やプールで使うビニールのボートでいいと思ったのだ。

見つかったのは二十五リラ（二千円あまり）の幼児用のビニールボートだった。「乗るときは大人がそばについていること。背が立つところで乗ること。合計で百二十ポンド（約五十五キロ）を超えないこと」といろいろな国の言語で記されている。体重が六十キロある大人が湖で謎の物体を探すために乗るという想定は何もなされていない。

店員がにこにこしながら近づいてきて、「日本から来たんですか？」と訊く。またか、と思った。四日前、つまり新聞に記事が載ってからというもの、「日本人がワン湖でジャナワールを探している」という話が有名になり、飯を食いに食堂に入っても、茶屋に行っても、いろんな人から「ジャナワールを探してるんだろ？　見つかったか？」とにやにやされるようになった。

まるで学生時代コンゴに怪獣ムベンベを探しに行って帰国したときみたいだ。あのときも新聞にでかでかと載ってしまったため、ほんとうに大勢の人たちが知っていて、よくそう訊かれたものだ。

実は見つかってしまったのかもしれないし、単なる岩や草を見間違えているだけかもしれない。その都度私たちはへらへらと薄笑いを浮かべたり、わざとおどけて「ほんとに見つかっちゃったんだよ！」と目をまるくして見せたりした。たいていの人はハハハと軽く流していた。

玩具屋の店員に対して、

「そうだ、オレたちはジャナワールを探しに来たんだ」と私は今度ばかりは胸を張って答えた。ついでに「このボートで明日探したい。少し安くしてくれ」と交渉に入った。

「これでジャナワールを探す？」さすがに店員も呆れ顔で、でもしまいにはしょうがないといった感じで二リラ（約百七十円）負けてくれた。

ボートの次はロープだ。私はやはり探検部時代、霞ヶ浦でであやうく遭難しかけたことがある。コンゴへ出かける前、湖でゴムボートに乗ってみるとどうなのか試してみたのだ。ゴムボートはふつう激流下りにしか使わないからだ。激流下りに比べたらほとんど危険はないに等しいと思って油断していたら、途中から強烈な向かい風が吹いてきて、岸からどんどん遠ざかり、沖へ向かって押し出された。しかも、ゴムボートに穴が開いていたらしく、空気がどんどん抜けていく。「あー、もうダメかもしれない……」と思ったら、通りがかった漁船に救助された、なんてことがあったのだ。

そのときのトラウマが残っていた。この幼児用ボートはいつ壊れる、というか破れるかわからない。風で流されて岸辺から遠く離れたところでチン（沈没）したらシャレにならない。チンしないまでも向かい風が吹くと、岸に戻れなくなる。

そこであらかじめワンの町を歩き回って、ロープ専門の店を探し当てた。店のオヤジさんが、「何に使うんだ？」と訊くので、末澤が照れ笑いを浮かべながら「いや、あの、ボートにつなげて……」と、なんとか説明しようとしていたが、案の定、さっぱり通じてない様子だった。末澤自身がよくわかってなかったかもしれない。ともかく、その店で、私たちは百メートルのナイロンロープを買った。

最後にパドル。ボートにはパドルや櫂（かい）が必要だが、売ってないので、一昨夜泊めてもらったエンギンの叔父さん宅前を再び通ったとき、落ちていた長さ一メートルくらいの板切れを拾った。何もないよりマシであろう。

私たちが現場であるケプケイックの入り江に到着したのは午後五時をまわったところだった。イヒサンがブレーキを踏むと、フォードはざざっという砂利の音を響かせて止まった。

「あー、ないな……」期せずして同じ感想がみなの口から漏れた。

一昨日見えた黒い物体は影も形もない。ほかの入り江と同様、染みひとつないエメラルドグリーンの水を静かにたたえているだけだ。

岩や草なら一日で見えなくなるということは考えにくい。

「これはもしかしたら……」

口に出しては言わないが、誰もが期待を募らせているのがわかった。

もう一つ実感したのは、「人間の記憶なんてほんとうにあてにならない」ということだった。私たちは岸から百から二百メートルくらいの地点で撮影していたような気がしていた。ところが、今日再び訪れてみると、撮影地点から岸まで一キロ近くある。見晴らしがいいので近くに感じられただけのようだ。

これで一つ謎が解けた。謎といっても物体ではなく、自分たちの行動についてだ。一昨日の目撃時、どうして自分たちは岸辺に近づかなかったのか、あとから思い出すと疑問だったのだ。なぜか誰もそういう発想をもたなかった。

森は「近づいたら黒いやつが逃げちゃいそうな気がして」と説明したが、実際には三十分もビデオを回しながら観察していたのだ。もし逃げられてもかまわない。私は、彼の説明では納得できなかった。

今あらためて見ると、なんとなくわかった。一キロも離れていたら、岸辺まで坂道を往復するのに急いでも十五分くらいかかりそうだ。物体が移動したとき、車のそばにいたらすぐ乗り込んで追えるが、岸辺に行ったら戻るのが間に合わなくなると感じたのだろう。

見晴らしがいいということは意外に高さもあるということだ。

入り江はすり鉢状になっていて、野球場にも似ている。水がある部分をグラウンドと考えれば撮影地点は野球場の内野二階席最上段みたいなところだ。いっぽう、岸辺はバックネット裏となる。ネット裏は近くの立体的なものはよく見えるだろうが、高さがないものはかえって見にくい。そして、物体は平べったくて、岸から数十メートルは離れたところにあった。外野である。外野の動きを見続けたいなら、わざわざネット裏に下りる必要はない。

こんな簡単なことすら憶えていないのだ。私だけならともかく、三人そろって。

〝目撃〟とはなんと曖昧なものだろう。

もっと抜け落ちた「なにか」がありそうな気がしたが、それはのちのちわかるだろう。

岸辺近くまでうっすらとした踏み跡程度の道を車で下り、水際で停車させた。ボートやロープなどを下ろす。

ボートは時間の節約のため、すでにホテルの部屋で半分ほど膨らませてあったが、もう一度空気を入れる。おなじみの黄色いイソギンチャクみたいなやつを足で踏み、プシュープシューと入れていく。こんなのは小学校の低学年以来だ。あれから三十年以上もたち、子どものためならまだしも、自分が乗るためにこんなことをするとは思わなかった。

ボートはオレンジ色で、パンパンに膨らむと横に「エクスプローラー（探検家）」と英語で記されていた。冗談がきつい。その幼児用探検ボートに森とエンギンが遭難防止用のロープを結わえ付けた。

私はジーンズを脱ぎ、Tシャツに短パン一枚になった。コンパクトのデジカメをジップロック（口がぴったり閉じるビニールケース）に入れ、森が私のTシャツにカメラマン用の黒テープでぐるぐるに巻きつけた。

幼児用ボートはいつチンしてもおかしくない。その際は泳ぐしかない。だからカメラをビニール袋に入れて体に巻きつけたのだ。

いずれも必要に迫られてやっているのだが、どんどん滑稽（こっけい）さが増していく。

トドメはカメである。

ワン湖の周辺には体長二十〜三十センチのカメがたくさんいる。一昨日も目撃途中で見つけてエンギンが肛門を木の枝でつついていじめたりしていたし、今日も岸辺で二匹見つけた。そのうちの一匹を連れて行くことにした。

リアリストの私はひそかに、このカメがジャナワールの正体じゃないかという説を二番手くらいに挙げていた。湖はよく見晴らしがきくが、遠近感がなくなる。コンゴでは、五十メートル先に浮いている三十センチの葉っぱを二キロ先にある三メートルの物体と誤認したこともある。カメが十数メートルほど離れたところを泳いでいたら、岸辺からは怪獣に見える可能性が高い。

もちろん私たちが一昨日見たものはカメではないし、他の証言でも、特に上から見下ろしたものはカメではないだろう。だが、岸辺から水平に見た目撃談には「カメ説」で説明できそうなものもある。

そこでカメを沖合に連れ出して泳がせてみることにしたのだ。それを岸辺から見てもらうことにした。

さていよいよ出発だ。勝負だ。

本年四十歳の私は、Tシャツにビニール袋をまきつけ、下は短パンに裸足、右にパドル代わりの板切れ、左にカメを抱えて、水辺に浮かべた幼児用ボートに乗り込んだ。これで「勝負」するというのだから、われながらどうかしている。だが、期待と興奮で私は胸がときめいた。

幼児用ボートはふにゅふにゅしていて、私が両足を乗せた瞬間、ぐしゃんとひしゃげた。私はボートのなかに尻餅をつく格好で座り、歪んだボートの縁からはビシャビシャと水が入り込む。

「だいじょうぶですか?」森と末澤が半分笑いながらきく。後ろではエンギンがぎゃはははははと爆笑する声が聞こえる。謹厳なイヒサンもきっと口角をあげてニヤリとしているにちがいない。

私は板切れを振り回して、漕ぎ出した。といっても、楕円形のボートだから、右を漕げば左に、左を漕げば右にくるくる回るだけだ。

見守る仲間たちが大爆笑しているのを聞きながら、必死で漕ぐが、「あれ〜」とマヌケな声が出るばかり、舟はくるくるとミズスマシになっている。連れてきたカメが異変を察知したらしく、手足を出して狭いボートのなかをじたばたしはじめた。

まもなく、私は板切れを放棄し、両手を外に出した。そして、手のひらでちゃぷちゃぷと漕ぎ出した。まさに幼児が浮き輪でやるスタイルだが、これが意外に安定して進む。やはり幼児用ボートは幼児スタイルが合っているのだ。

「よっしゃ！」と私は思ったが、岸辺ではその体勢がおかしいらしく、「あれ、ちゃんと進んでるよ！」とバカ笑いがひどくなっている。それをBGMにちゃぷちゃぷと前進する。

なんだかすごくなつかしい。このバカさ加減がまるっきり学生の探検部のときと同じだからだ。

ちゃぷちゃぷ式はのろいながらも順調だったが、ここでまた問題が発生した。ボートが不安定なせいか、カメが猛烈に暴れだしたのだ。なぜか私の股座（またぐら）に突進して顔を突っ込もうとする。

「あ、こいつ、何するんだ！　いててて！」カメが局部をぐいぐい押すのだ。カメの頭はもともと柔らかいものが硬くなったという感じで、痛いだけじゃなくひじょうに気色わるい。男根の先端を「亀頭」というが、まさにそれだ。正面から犯されている感じがする。

私は漕ぐのを中断し、カメを私の股座から引っぺがそうとしたが、カメの奴も必死で、爪を立ててボートの底にしがみつき、なかなか離れない。いったんはがして、遠ざけても、まるでそこが生まれ故郷であるかのようにすぐに私の股座に戻ってくる。

「こりゃ危険だ」私は顔をしかめた。

貞操の問題じゃなくて、カメの爪がすごく鋭いのだ。カメが踏ん張ると、幼児用ボートのビニールくらい、簡単に破れそうなのだ。

しかたがない。本来なら十五メートルくらい離れたところでカメを放そうと思っていたが、まだ五、六メートルのこの辺でカメを放棄することにした。

私はセクハラガメを両手で持ち上げ、頭の上から放り投げた。

カメはどっぼーん！　という音を立て水のなかに落ちた。

「へっ？」私は茫然とした。

カメは一直線に底へ沈んで行ってしまったのだ。そして二度と浮いてこなかった。

あれはリクガメだったのか！　湖の岸辺にごろごろしているのでてっきり泳ぐものと思いこんでいた。

そうか。私はボートが揺れるからカメが刺激されていると思っていたが、あれは水が入ってくるので泳げないリクガメがパニックに陥っていたのだ。

かわいそうなことをしたが、知らなかったのだからしかたがない。このカメの尊い犠牲の結果、「ジャナワール＝カメ誤認説」はきれいに消えた。

私はカメの冥福を祈ったあと、気持ちを入れ替えて、ちゃぷちゃぷを再開した。

私は北に向かって進んでいる。風は東から西へゆるやかに吹いている。だから、私は右の頬に枯れ草の匂いのする東風を、左の頬に柔らかくなった西日を受けていた。風はボートを漕ぐには影響がないのだが、岸とつないだロープが邪魔だった。ロープは意外に表面積も重量もあるようで風を受けてどんどん西へ流される。そして、ボートもそれに引っ張られて、西へ流されてしまう。

百メートルのロープは全部伸びたが、途中で大きくたわんだうえ、西へ流されているので、岸から七十メートルくらいしか離れていない。

これも問題だが、もっと肝心なことはいったいどこまで進めばいいのかということだ。

黒い物体はあちこちに見えたはずだが、入り江のどの辺にあったのか、自分が湖面にいるとさっぱりわからない。岸辺から見てもわからないはずだ。

「車で上にあがって、物体が見えた地点に誘導してくれ！」大声で私はわめいた。

イヒサンと森が車に乗り込み、車は土ぼこりをあげながら坂を上っていった。車が上の道に到着した。この巨大なグラウンドから見た内野席最上段は高くて遠い。人間の姿など肉眼ではろくに見えない。

車が止まってからしばらく経ってもいっこうに指示が出ない。私はいらいらした。その間にもボートは西へ流される。どっちみち、これでは動きがとれない。私は命綱をはずすことにした。入り江は広かったが、どんなに遠くてもいちばん近い岸は一キロ程度である。これならいざというとき、泳いで帰れるはずだ。

ロープをはずすと、ボートは突然自由を得た。くびきをはずされたとはこのことだ。おりしも二階席の森から末澤を通じて指示が出た。

「高野さーん、あと五十メートルくらい沖に進んで、それから右に行ってくださーい！」

「りょうかーい！」私も叫びかえした。

これまた懐かしい。探検部時代、遠くに離れているときのやり取りでは「りょうかーい」と返事することになっていた。「わかった」とか「おーけー」とか言ってはいけない。なぜなら、距離が遠くなると、言葉が聞こえづらくなるからだ。いつも「りょうかーい」にしておけば、「おーあーい」という母音だけでそれと判別がつくという一種の知恵なのである。

　それはともかく、森はどうやって指示を出していたのか。あとで聞いたところでは、彼らはビデオをモニターで再生し、そこから物体がどの辺にあるのかチェックし、簡単な地図をつくった。それにしたがって、私を動かしていたのだった。

「その辺でーす！」森の指示を受けた末澤が私に叫ぶ。

　この辺か。私はあたりを見渡した。

　何もない。まったく何もない。岸からここまで右往左往しながら進んだが、やはり何もなかった。

　ない――。胸がドキドキしている。

　水面に顔を近づけたが、水は透明度が低く、よく見えない。

　水中をのぞかなければ、見たことにはならないだろう。

　私はTシャツを脱いだ。デジカメごと、大きなビニール袋の中に放り込んだ。カメラがもし水中に落ちてもそれはもうしょうがないと思うことにした。

　ぐにゅぐにゅした幼児用ボートのへりを乗り越えて、私は水に飛び込んだ。水はひんやりしていた。体を慣らしてから、頭から水に潜っていった。潜水は得意でないから、最高でも一・五メートルくらいしかできないが、十分だろう。水は透明度がやはり低かったが、それは泥や砂で濁っているのではなく、水自体に何かミネラルが含まれているという感じだ。塩素を入れすぎたプールが白っぽく濁るだろう。あれに感じが似ている。そして……。

やっぱり何もない。どれだけ深いのか見当もつかないが、いくら透明度が低くても一・五メートルで底の気配がないのだから、相当深いはずだ。そういえば、岸から五、六メートルの地点でカメを放り投げたときも、カメが一気に沈んで行くのが見えた。あの地点ですでに二メートル以上はあった。

岩も草も論外である。生物、無生物に関係なく、漂流物すらない。

「なんにもないぞー！」私は岸に向かって叫んだ。

岸からずっと刺しバエが一匹ついてきて、チクチクと肌を刺す。痛いが、めんどうくさいのでTシャツは脱いだままにした。

口のなかがしょっぱくて苦い。しょっぱいのは塩水湖だから、苦いのはアルカリ度が高いからだろう。

その後、いったん車が岸まで下りてきて、それから再び坂を上っていった。岸辺の伝達係は森に替わっている。それまで末澤が岸から撮影していたのだが、上からも撮っておきたいということで、車で上っていったのだった。

車が最上段に到着すると、探索が再開。私は指示にしたがってまた動く。今度は思いっきり沖合だ。

おもしろいことに岸辺から一キロ以上も離れると、中間の伝達係の森の声が聞こえにくくなるかわりに、最上段にいる末澤の声が聞こえるようになった。

「もっと沖に五十メートルでーす！」と末澤が叫び、

「え？　よくきこえなーい！」と伝達係の森が答える。

そんな会話が聞こえたりもする。

指示にしたがい、私は沖合をどんどん進んでいく。

風景も変わってきた。雑音が消え、静けさが増す。両側には反射で銀色にみえる岩山。前はただただ水。それが西日を受けて、黄金色に輝いていた。ときどきすーっと一陣の風が吹き、止む。

なんだか「もっていかれそうな」気分だ。

そのなかをひとり、ほとんどすっ裸の私は幼児用ボートでただひたすら前進していく。

何の因果かわからないが、こんなところでこんなことをやっている自分がいる。それは奇妙な幸福感に満ちていた。自分はなんと自由なんだろうと思った。

合計四ヵ所で私はボートを止めて、水に潜ってみたが、結果はすべて同じだった。

何もなし。

胸が熱くなる。

「何もなし」とはふつうは成果や異常がないということだが、今回の場合、「何もなし」は相当に異常でそれ自体が成果だった。

「何もない」ということは「何かある」ということなのだ。もっと変な何かが。

あの黒い物体は岩でも水草でもなかった。少なくとも、地元ユズンジュ・ユル大学の先生方の意見は粉砕された。

もし生物でなければあれはいったい何だったのか？ それともやはり生物だったのか？ 日が西の山に落ち、急速に暗くなってきた。私は岸に向かって戻っていった。

岸にたどり着いたとき、寒さで私はガクガクと震えていたが、充実感でいっぱいだった。

森がすぐバスタオルをかけてくれた。

「あれ、高野さん、体が真っ白ですよ」森が心配そうな顔をした。

凍えて血色が悪くなっているのかと思ったが、見れば、石灰をまぶしたように白い。いや、これはほんとうに石灰みたいだ。水中に相当量の石灰が溶けているらしい。

そうこうするうちに、上から戻ってきた末澤とイヒサンがそれぞれ私に向けてカメラを回しはじめた。私はなんだか昔あこがれていた水曜スペシャルの川口浩（かわぐちひろし）隊長になったような錯覚をおぼえた。

「いやあ、何もなかったよ。なーんにもない。草も岩もない。ケミカルでプールみた

幼児用ボートに悪戦苦闘する筆者

Yeni Şafak

Japonlar: Canavarı çektik
Üniversite: Yosundur yosun

Japonlar canavarı gördü

"Van Gölü Canavarı"nı araştırmak icin Van'a gelen 3 Japon gazeteci, canavara benzeyen bir cisim gördü. Japanlar göldeki cismi kameraya kaydetti.

Japonya'dan gelerek Van Gölü canavarını gördüğünü iddia eden yaklaşık 50 kişiyle görüşen 3 Japon gazeteci, çalışmalarını tamamladı. Japon ekibinin başı Hideyuki, çalışmalarını tamamlayıp Van'a döndükleri sırada Altınsaç köyü yakınlarında Van Gölü'nde canavara benzeyen bir cisimle karşılaştıklarını söyledi. Japan gazeteci sahilden 300 metre uzaklıkta görülen cismin görüntülerini kameralarına kaydettiklerini söyledi. Böyle bir cisimle karşılaşmış olmanın kendilerini son derece heyecanlandırdığını ifade eden Hideyuki, görüntüleri Japonya'da göstereceklerini söyledi. Ekip gelecek yıl tekrar gelip canavarı arayacak.

上｜「日本人：ジャナワールを撮影した／学者：それは水草だ」という見出しの新聞記事（「イェニ・シャファック」2006年9月7日）

下｜このニュースは別の新聞でも報じられた。かつてゲヴァシュにあった怪獣像が掲載されている（「ギュンデム」2006年9月7日）

エンギン叔父宅での朝食（左からエンギン、筆者、エンギンの叔父さん、末澤、イヒサン）

いだった。……」

まず日本語で末澤に答え、次にエンギンの通訳でイヒサンに英語で喋った。

岸にいた四人は私の報告に驚いていたが、末澤の報告にも驚かされた。

「上から見ると、高野さんのボートがものすごく小さいんです。ほとんど点ですよ。ボートは見えるけど、高野さんはよくわからない。ズームでもやっと、っていう感じです」

「えー、そんなに小さいの？　って、ことは……」

「そうなんですよ。あの黒い物体はものすごくでかかったってことです。軽く十メートルはありますね。もっとでかいかもしれない」

「そんなでかかったのか、あれ。でも、それってことは、あのギザギザというかブツブツも？　……」

「そうですね、魚が頭を出してるように見えたけど」魚担当の森が口をはさんだ。

「あれが魚だとしたらすごいでかい魚ってことです。マグロ並みの」

「そうか……」私は唸（うな）った。

実際にあとでビデオを確認してみたら、ほんとうに私の幼児用ボートは点だった。もっとも最初の物体映像でもよく見れば岸に生えている木がすごく小さくて、それと比較したら物体がいかに巨大かわかった。

「タカノ、よくやった」ようやく私の名前を覚えたエンギンが珍しくまじめな顔で肩を叩いた。

「あれはやっぱりジャナワールだったんだ」

「大学の教授は何て言った？　岩？　草？　鳥？　全部まちがいだ。これで証明された」とイヒサンもうなずいた。

彼はまだ教授たちに憤っていたが、勝利の余韻に浸るように旨そうにタバコをふかしていた。

あの黒い物体の正体はわからない。しかし、それは少なくとも魚、草、岩、鳥、カメなど、誰かが思いつくものじゃない。

何かわからないが、もっと意表をつくものだろう。

そして未知のものかもしれない。

エピローグ

私たちは九月三日に国内便でイスタンブールに戻った。そこで末澤と別れることになった。

ホテルの屋上にあがり、チーズやアンチョビ、オリーブを肴にトルコ酒ラクを飲んだ。月明かりの中でもみなの顔が充実感に満ちているのが見て取れた。

「末澤はこれから一年の留学か」私が言うと、彼はタバコの煙と一緒に吐息をついた。

「とてもそんな気がしないですね。この十日間があまりに濃密だったんで、何かがやっと終わったっていう気がするだけで……」

それは私も同じ感想だった。旅の長さは時間ではなく内容に比例する。この十日間は、いつもの旅の一ヵ月以上に相当するように思えた。実際、日々の日記は大学ノート一冊を費やした。ふだんの一ヵ月分である。それだけ書くことがあったのだ。

末澤にしても、最初はなんだかよくわからないうちにジャナワールに巻き込まれた感があったろうが、今ではそれをステップにするつもりらしい。

「エヴリヤ・チェレビっていたでしょ？」末澤はオスマン朝時代の旅行家で、ワンの竜伝説について書き残している人物の名を挙げた。「彼の『旅行記』、あれ、すごい大作で名著なんですが、まだ日本では訳されてないんです。あれを訳したいなあって思ってます」

単なる希望とはいえ、柳風男の末澤がここまで言うのは珍しい。この旅が彼に何かいいものを残せたらそれでいい。なんせ、本一冊訳させて、ろくにバイト料も払ってないんだし。

私たちが日本に帰った数日後、トルコで「日本人作家、ジャナワールを発見、ビデオに撮影！」という新聞記事が出た。もちろん、イヒサンが書いたものである。「近日中に翻訳して送ります」と末澤からのメールに書かれていたが、その前に別の人から翻訳が届いた。地中海に面したトルコ有数のリゾート地アンタリヤ在住の日本人女性が、トルコのネットニュースを見てそれを知り、わざわざ私のブログを見つけて翻訳をメールで送ってくれたのだ。さすがネット時代、と驚くばかりである。

内容は末澤があとで郵送してくれたリアル新聞とほぼ同じだが、ネットのほうがやや詳しいのでそちらを紹介しよう。

見出し：　ワン湖の怪獣を日本人たちも見た

「講談社出版の『小説テンダイ』の作家・高野秀行氏を始めとする日本人記者達は十日間に五十人以上の人々とインタビューを行い、ワン湖に棲むと伝えられる怪獣についての事実を収集。

『ミリエット』紙のドガン・ハベル通信員によると高野氏は調査を終えワンに戻る際、ゲヴァシュ郡にあるアルトゥンサチ村近くのワン湖で怪獣に似た物体に遭遇し湖岸から約三百メートルはなれたところに見えるその物体をカメラに収めた。

ルポルタージュを終えた後、このような物体に遭遇し、非常に興奮していると述べる。

高野氏は撮影した映像をユズンジュ・ユル大学の教員達に見せたが、水上に全く出現することのない物体が怪獣であるかどうかは画像から判断できないという結果となった。

高野氏とその一行はワン湖で見た物体が何であるか確定するために、二日後湖にボートで出航、いっぽうユズンジュ・ユル大学の学者達はその物体が水草もしくは岩の一部ではないかと説明。

高野氏は出航から二十分後、二日前に物体を見た場所にたどり着き調査を始めたものの、全く痕跡(こんせき)はなし。インタビューや目にした物体からワン湖で大きな怪獣が棲むと信じると強調する高野氏は日本の学者に調査を依頼すると表明。

将来ワン湖で更に広い範囲で科学的な調査をする目的で、再度この地を訪れると言う一行は、調査を終え母国に戻った」

森があれほど口を酸っぱくして「テンダイじゃなくてゲンダイ!」と言ったのに、やっぱり「小説天台」のままだった。

またトルコのマスコミらしく、私がUMA信者のように書いている。しかも私は再度この地を訪れるらしい……。

末澤が送ってくれた新聞では、この記事は裏面（日本の新聞のテレビ欄）トップという、格別の扱いだった。

私が幼児用ボートでちゃぷちゃぷやっている写真（でも、とてもシリアスに活動しているように撮られている。さすが、イヒサン！）と、前回他紙で使われた、私がジャナワールの像にぶら下がって遊んでいる写真がでかでかと掲載されていた。

謎の黒い巨大な物体の写真はなかった。あれはビデオで見てかろうじてわかるもので、写真では何がなんだかさっぱりわからないと判断されたのだろう。

帰国するといつもはそれで終わり、あとは書くだけ（それが大変にしても）となるのだが、今回はそうはいかなかった。

なんだかわけのわからんものを発見し撮影までしてしまったからだ。

魚類や陸水学（湖や河川の学問）の専門家に見てもらおうとした。「ビデオでの判断は困難」「トルコは専門ではないので」などという理由で断られたりしたが、インドの怪魚ウモッカ調査に協力してもらっている、国立科学博物館の上野輝彌先生に頼み込んでなんとか見ていただいた。

結論は「うーん、なんだろう？　わからないねえ……」という、私たちと同じものだった。先生によれば、「もしかしたら、ふだんは湖底にいて光や温度の関係で水面にあがってくる藻か水草の類かもしれない。でも、私の専門でないし、トルコ方面には行ったことがないのでわからない」とおっしゃっていた。

先生はこう付け加えた。

「まあ、いちばんいいのはもう一回行って、その黒いものが出たら、ボートで漕いで行って直接確かめることですね」

うーん、それはそうなんですが……。

あの物体はおそらくめったに現れないものだろう。土地の人間も現地の研究者たちも知らないんだから。それを待って、あそこでずっと張り込むのか……。

いつかまた、あそこに行かねばならないのかもしれない。

それが奇縁の旅の業(カルマ)かもしれない。そして、それが新たな奇縁の始まりかもしれない。

あとがき

後日談をいくつか記したい。

まず、末澤寧史だが、予定通りイスタンブールのボアズィチ大学に留学、今はトルコのイスラム聖者信仰と「エブル」というトルコ伝統絵画に夢中になっているという。相変わらず、ひょうひょうとしていながら、勉強熱心な男だ。

いっぽう、急性のひどい痔に襲われ、現地の病院で治療を受けるという稀な体験もした。「トルコで最初にかかった医者が肛門科というのは予想できませんでした」と詳細なレポート付のメールが来た。辛いのは辛かったようだが、「トルコ人のホスピタリティとコネ社会の凄さを実感した」とあり、文字通り、体のいちばんディープなところでトルコを存分に味わっているようだ。

ヌトゥク教授のところもときおり訪ねているらしいが、「その度に、『私の本の翻訳はまだか』とせっつかれて困ってます」とのことだ。ほんとうにどこかあの奇書の翻訳を出してくれる出版社はないものか。

末澤は、例の「謎の黒い物体映像」を周囲の人々に見せたことも報告している。私が簡単に編集して彼に送った映像だ。

ヌトゥク教授は「あまりはっきり映ってないなあ」という、ノリのよくない感想だった。

トルコ人の友人たちの反応はもっとおもしろかった。

「物体については今ひとつピンと来なかったみたいですが、高野さんがボートで漕ぎ出すシーンには仰天してました。『もし、襲われたらどうするんだ⁉』って」

なんだかんだ言っても、トルコ人はジャナワールを信じてるんだなあと私はおかしくなった。あれほど、私たちをバカにしていたのに。

私のほうも、その後、ただぼんやりしていたわけではない。

ワン湖でわれわれが目撃した謎の物体は何だったのか探るため、図書館や書店で文献を探したり、専門家に会って話を聞いたりした。結果から言えば、やはり正体は不明のままだが、一つ、気になる意見があった。

「泥をかぶったガスではないか」というものだ。

湖沼や河川の生態学を専攻している沖野外輝夫（おきのときお）先生（信州大学名誉教授）の説である。

沖野先生によれば、湖底に沈んでいた硫化物があるきっかけで硫化水素ガスという気体になり、湖泥を伴って湖面に浮上することがあるという。硫化水素ガスが泥と一緒に急激に水面に出るとどうなるか。泥の固まりのあちこちからプシュッ、プシュッとガスが吹き出て、その直後、浮力を失った泥は下に沈殿する。ちなみに、硫化水素は無色だが、泥は硫化物を含んでいるため黒色だという。

なるほど。それは私たちが見た「モノ」に近い気がする。

数十メートルという広範囲に見られたこと、「いくつ」と数えがたい固まりのようなものだったこと、色が黒かったこと、垂直に浮き上がっては一瞬で沈んだこと、水面に現れたとき、ブツブツ（ギザギザ）が見えたこと、それがプシュッと水を噴出しているようにも見えたことなど、すべて「泥をかぶったガス」と考えれば、辻褄（つじつま）は合うといえる。

一方、わからない点もある。

黒い物体は三十分も入り江のそこかしこに見えた。ときどき浮かんでは沈んだが、沈むといっても、水面直下にはあった。もし、それがただの硫化物入りの泥ならば、ガスが抜けたらすぐに湖底に沈むはずだろう。

その部分が「泥かぶりガス説」ではどうしても説明できないのだ。

私たちの見たものが硫化物と関係する泥だと確かめる方法はあるのだろうか。

先生はこうおっしゃった。

「酸素がどのくらいの深さまであるか、そして硫化水素がたまっているかどうか、その場所の水質を調べればわかります」

結局、もう一度行ってみなければわからないのである。しかも、湖底の泥を調査するとなれば大事(おおごと)だ。ユズンジュ・ユル大学と協力すればできないことではないが、時間も資金もかかる。なにより、それで硫化水素ガスが発生しやすいとか発生しにくいとかわかっても、私たちの見たものがそれであるかどうかは証明できない。

とどのつまり、湖に張り付いてもう一度、あの物体を目撃して直接アタックするしか、ほんとうに証明する方法はないということである。

「もう一度おいで」とワン湖がしきりに手招きしている気がする。

あの岸辺に一ヵ月ほど張り込むのも楽しいかもしれない。テントを張り、カヌーで湖面を、自転車で岸辺をそれぞれ巡回する。エンギンやイヒサンも様子を見に、ときどきやってくるだろう。あの二人も一緒にテントを張るかもしれない。賑やかなことだろう。

そして、食糧や物資がなくなったり、見張りに飽きたりしたら、自転車でエンギンの叔父さん宅に行き、ご飯をご馳走になったり泊めてもらったりする。

いや、最初から叔父さん宅にホームステイして、毎朝目撃地点まで「出勤」するのもいいかもしれない。クルドの村生活にどっぷり漬かるのも悪くない、いや、すごくおもしろそうだ。そのうえ、物体の正体を突き止めたら言うことなしである。

夢がまただんだん広がってきた。

一つだけ、内容に関して釈明したいことがある。

ウナル・コザックの著作を東洋文庫で見つけて私たちは仰天したのだが、じつはCNNの記事にちゃんと「コザックは謎の生物についての本を書いた」とあった。私が見逃していただけである。マヌケな話だが、おかげで東洋文庫で奇書との遭遇を感動できたのだから良しとしよう。

本書は、もともと、私が「小説現代」で連載していた「アジア未知動物紀行」というシリーズの一篇にするつもりのものだった。小説でいえば長めの短編か中編くらいを考えていたのだが、現地での取材と旅があまりに充実しすぎたため、独立した長編書き下ろし作品となってしまった。

文中に「小説現代を小説テンダイと書かれた云々」とあるのは元の企画の名残りである。

連載をすっ飛ばして単行本化に快く同意してくれた「小説現代」の金田明年編集長（当時）、そして文章を細かくチェックし適切なアドバイスをしていただいた編集の高橋典彦氏に御礼申し上げます。

最後に、本書の陰の主人公であるエンギンとイヒサン、相棒の森清君、抜群のはたらきを見せた末澤寧史君、その他、本書の取材と執筆にご協力いただいた方々にアッラーのご加護があることを祈ります。

二〇〇七年五月二十日　東京にて

文庫のためのあとがき

ワン湖への不思議な旅から四年、単行本刊行から三年が経った。

まず登場人物のその後を記そう。

末澤寧史は留学を終えて日本に帰国、トルコの伝統絵画エブルの絵師修業は一時中断して、現在はライターとして活躍している。

エンギンは、昨年（二〇〇九年）結婚したそうだ。「でも、君も知るとおり、俺は一人の女では満足できない。テンニュー！」と相変わらずである。しかし実際には奥さんにぞっこんで、気をつかってちやほやしているような気がしてならない。

イヒサンも元気らしい。「ジャナワールを探すため、例の入り江に張り込みをしたのか？」という質問には返事がない。そこまではやっていないのだろう。

かくいう私たちも、その後、アフガニスタンに棲む謎の凶獣ペシャクパラングとか奄美の妖怪ケンモンなどに浮気をして、ジャナワール探しの続編になかなか至っていない。

あの謎の黒い物体の正体はいまだに不明である。滅多にお目にかかれない珍しい現象なのはまちがいない。無論解明はしたいのだが、あれをひたすら湖岸で待つというのも気が遠くなる作業だ。ただ待つだけでなく、能動的に探す方法を今も考えている。この文庫が出る頃には、再び森清とワンを訪れる予定だ。

二〇一〇年七月　東京にて

解説　ぼくの「トルコ怪獣記」

末澤寧史

みなさん、はじめまして。いや、「はじめまして」ではないですね。作中から抜け出してきた、登場人物の末澤です。

本書の初版刊行から十六年。当時四十歳だった高野さんの年齢を、今の自分が超えてしまっていることにまず驚いている。

あのころ大学院生だったぼくは、ライターや出版社の編集者を経て、どく社という小さな出版社を営むかたわら、取材執筆活動を行っている。二〇二一年にはトルコで習っていた伝統絵画エブル（マーブリング。イスタンブルで発展し、世界に広がったシルクロードの装飾画）を題材にした絵本『海峡のまちのハリル』（小林豊・絵、三輪舎）を十年ごしに出版し、〝描かない絵本作家〟としての活動をスタートしたところだ。

紆余曲折を経て出版業界に拾われ、本づくりを生業とすることになったせいもあってか、本書に登場してから、高野さんファンの方に『怪獣記』に出ている、あの末澤さんですか⁉」と尋ねられることが数年に一回ほどある。

「そうなんですよ。ジャナワールと呼ばれる怪獣の目撃者を探しに行って」と話をはじめると、最初は盛り上がるのだが、「で、なにかギザギザしたものが浮き沈みするのを自分たちも見てしまったんですよ……」という段になると、干潮のごとく相手の笑顔が引き、反応に窮していくのがわかる。

そんな経験は、一度や二度ではない。目撃証言者というのはやるせないものだ。しかし、これだけデジタル技術が発展し、見たことのない国の様子が自室から垣間見られるような時代になっても、この地球には「未知」が残っているのだからおもしろい。

そんなワクワクするような、世界の未知を追いかけつづける高野さんと、ぼくが出会ったのは、二十歳の大学生のころだ。

東京・下北沢で開かれたとある作家の方の出版記念パーティに誘われ、参加させてもらったときのこと。ドレスアップしたマスコミ関係者の多い華々しいパーティのなかで、一人だけ、ジーンズにTシャツというラフな姿で、所在なさげに佇んでいたのが、高野さんだった。

当時のぼくは、戦場ジャーナリストに憧れていた。知人に紹介され、アフガニスタンにボランティアを兼ねて映像を撮りに行ったことがあると伝えると、高野さんは生気を取り戻し、満面の笑みで、拳をぐんと前に突き出した。

「アフガニスタンは、拳大のケシができるらしいな」

ケシとは、もちろん麻薬であるアヘンをつくるための植物だ。まだいたいけな二十歳のぼくは、内心ヤバい大人に会ってしまったなあと思いながら、「そうなんですね！」と愛想笑いを浮かべた。

その後は、たしか、会場の片隅でアフガンとミャンマーに共通してあるゴールンデントライアングルと呼ばれる麻薬地帯のディープな話をしたように記憶している。学生時代から辺境を旅し、本まで出版していた高野さんの話はスケールが違い過ぎて、まさか五年後に旅をともにするとは夢にも思っていなかった。しかも、あろうことか、未知動物を追いかけることになるとは！

今回、河出書房新社の岩本さんから、突然この本の解説の依頼をいただいた。トルコ好きとしてはありがたい話であるが、ぼくは登場人物であるからして、第三者とは、ちょっと違った観点でこの本を読んでいる。

ぼくが旅に参加した経緯は本書に書いてあるとおりなのだが、一言で言えば、ぼくは高野さんに「そそのかされた」のだ。

当時のぼくは会社で働くということにどうしても抵抗感があり、大学院に進学したはいいが、進路に迷っていた。たまたま資料探しで活用していた東洋文庫で個人情報丸出しの目撃証言集を発見すると、その道のプロである高野さんが、「これは一級資料だ。翻訳したら、本が出せるぞ！」と甘言巧みに誘いかけたのだ。その本の一級資料としての価値は自分にはわからなかったが、「これは出版デビューのチャンスなのか⁉」と、本一冊をまるまる翻訳し、その流れで旅先までついていくことになったのであった。間違う力である。

旅を終えても、翻訳出版の話はいっこうに具体化せず、おおいにいぶかしんでいたところ、ぼくの手元にこの本の見本が届いた。

「学生の末澤を安く使い倒そうという作戦であるが、こういう実践的なことをやると、外国語力が飛躍的に伸び、結果的にいちばん得をするのは末澤本人だというのを知っているから、この際、気に留めないことにした」（本書三十頁参照）

驚くことに、ページをめくると、ぼくは登場人物になっていて、しかも、そそのかされていく過程が克明に記されている。まごうことなきノンフィクション。これは、ぼくにしかわからないサプライズで、読みながら吹き出してしまった——というのが最初の感想だった。

翻訳作業がトルコ語力の向上にどれほど役に立ったかは定かではないが、「トゥルルトゥル（ギザギザ）」とか、「アスパラガス（ヤラセ）」とか、使いそうで使わないトルコ語の単語をけっこう覚えることができて、トルコ人との雑談がおおいに盛り上がったのは間違いない。

改めて本書を読んでみると、「奇縁」に満ちた展開は最初から最後まで奇跡のようだ。セルバンテスの『ドン・キホーテ』は全編を読むと、風車に突っ込むドン・キホーテが、狂気なのか、正気なのか、だんだんわからなくなる物語となっている。湖に棲む怪獣の撮影に成功したという映像や証言の真偽の追究から、ジャナ探しそのものに突っ込んでいく本書も読み進むにつれ、なにが本当で、なにがフェイクなのかがだんだんわからなくなっていく。これが本当にノンフィクションなのだから不思議さが増す。ぼくは当事者なので、胡散臭く聞こえるかもしれないけれど、これは世界UMA文学史（そんな歴史があるならば）に残るマスターピースなのではないだろうか。

なぜなら、われわれは、「なにか」を目撃してしまっている。映像も残っている。この一点の事実が、もしかしたら、この本を比類なきものとし、不朽の名作としているのかもしれない。でも、実際、あれはいったいなんだったんだろう……。

そして真面目に怪獣の正体を追いかけながらも、一九九〇〜二〇〇〇年代のトルコや中近東の社会情勢が、個性豊かな登場人物たちを通して、等身大で見えてくるのも本書の大きな魅力の一つだろう。美しいワン湖畔に、突如盛り上がるジャナワール騒動。それが内戦さながらの状態にあったクルド問題から人びとの目を逸らすためのプロパガンダとして政治的に利用された可能性があるという考察は、今なお新鮮だ。しかも、ジャナワールの存在を熱心に主張していたのが、神秘の存在にアッラーの存在を重ね合わせるイスラーム主義のオピニオン・リーダーだったのだからおもしろい。

トルコの「その後」をかいつまんで紹介すると、政治的には公正発展党の一強政治がずっとつづいている。首相だったレジェップ・タイイップ・エルドアンは、二〇一四年から大統領として絶大な権力を振るっている。初版当時はエルドアンと蜜月だった、ヌルジュ運動の流れをくみ、政権を支えていたフェトフッラージュと呼ばれる一派（日本にも文化センターや学校がある）は、二〇一六年の軍部の一部によるクーデター未遂を首謀したとされ、今となっては政権とは犬猿の仲となっている。

クルド問題は、二〇一二年ごろから、トルコ政府と非合法の武装組織クルド労働者党（PKK）とのあいだで停戦に向かう動きがあったが実現せず、テロと報復の応酬が繰り返されている。イラクやシリアでは、クルド民族の自治の動きが広がったものの、国家の樹立には至っていない。欧州列強に国土を分割されてきたトルコでは、クルド民族が独立することへの強烈なアレルギーがあるうえ、大国や周辺国の思惑や介入もあり、問題解決への道のりは複雑だ。日本でも入国管理局による非人道的な外国人の長期収容が問題になっているが、その収容者のなかにクルド人は少なくない。「国を持たない世界最大の民族」の苦難は、身近なところでもつづいている。

とはいえ、本書のなかでエンギンも語るように、トルコ東部の日常的な治安が悪いわけではない。この本の舞台となっているワンは、ワン湖や、左右の目の色が違うワン猫で知られるが、おそらく日本人で彼の地を訪れた人はさほど多くはないだろう。まちのいたるところに「朝めし屋（Kahvaltı Salonu）」という食堂があるのもユニークで、個人的にはおすすめしたい。トルコの朝ごはんの定番と言えば、パン、チーズ、オリーブ、そしてチャイだろう。薄いクレープのような生地にはさんだクリームに、とろとろのはちみつをかけて味わった朝食は忘れがたい。ちょうど、二〇二三年はトルコ共和国の建国百周年、二〇二四年は日土国交樹立百周年に当たる。コロナ禍も一段落したことだし、ぜひワンをはじめ、地域ごとに多様で深い魅力を持つトルコを訪ねてみてほしい。

ジャナワールを巡る旅は、わずか十日ほどだったが、何ヵ月か旅したような濃密な時間だった。この数年後、最初に就職した会社を一年で辞め、「あの旅よ、もう一度」と、傷心旅行で参加させてもらったのが、『イスラム飲酒紀行』（講談社文庫）のトルコ・シリア編だったりする。本書の続編としてあわせて読んでいただいても楽しいかもしれない。

最後に、この本のいちばんの読みどころをお伝えすると、やはりビニールボートでの湖の検証作業だろう。

齢四十過ぎた今になり、高野さんが幼児用ボートで湖に漕ぎ出すことの凄みがリアルにわかる。「お前にできるか?」と問われれば、答えは「Ｎｏ」だ。やはり、湖岸で撮影しているくらいが自分にはちょうどよい。

ただ、ぼくが、トルコで没頭していたエブルについての絵本をなんとか書こうとして、一本の原稿を十年がけで推敲したのも、一見意味なきことに、本気で挑む高野さんの影響があった気がする。

高野さんは、この本の旅を通して、ぼくに、そして、読者のみなさんに、情熱とはなにかを、ユーモラスに伝えてくれているのだ。

（描かない絵本作家）

本書は二〇〇七年七月に講談社、
二〇一〇年八月に講談社文庫で刊行された
『怪獣記』を改題の上、再文庫化したものです。

トルコ怪獣記（かいじゅうき）

二〇二三年 九 月一〇日 初版印刷
二〇二三年 九 月二〇日 初版発行

著 者 高野秀行（たかの ひでゆき）

発行者 小野寺優
発行所 株式会社河出書房新社
〒一五一―〇〇五一
東京都渋谷区千駄ヶ谷二―三二―二
電話〇三―三四〇四―八六一一（編集）
〇三―三四〇四―一二〇一（営業）
https://www.kawade.co.jp/

ロゴ・表紙デザイン 粟津潔
本文フォーマット 佐々木暁
本文組版 株式会社創都
印刷・製本 中央精版印刷株式会社

Printed in Japan ISBN978-4-309-41986-2

マスードの戦い

長倉洋海　41853-7

もし彼が生きていたなら「アフガニスタンの今」はまったく違ったものになっていただろう――タリバン抵抗運動の伝説の指導者として民衆に愛された一人の戦士を通して描く、アフガンの真実の姿。

香港世界

山口文憲　41836-0

今は失われた、唯一無二の自由都市の姿――市場や庶民の食、象徴ともいえるスターフェリー、映画などの娯楽から死生観まで。知られざる香港の街と人を描き個人旅行者のバイブルとなった旅エッセイの名著。

犬の記憶

森山大道　41897-1

「路上にて」「壊死した時間」「街の見る夢」――現代写真界のレジェンドの原点を示す唯一無二、必読のエッセイ的写真論。写真約60点を収録し、入門的一冊としても。新規解説＝古川日出男。新装版。

犬の記憶　終章

森山大道　41898-8

「パリ」「大阪」「新宿」「武川村」「青山」――現代写真界のレジェンドの原点を示す唯一無二、必読の半自伝。写真約50点を収録し、入門的一冊としても。新規解説＝古川日出男。新装版。

砂漠の教室

藤本和子　41960-2

当時37歳の著者が、ヘブライ語を学ぶためイスラエルへ。「他者を語る」ことにあえて挑んだ、限りなく真摯な旅の記録。聞き書きの名手として知られる著者の、原点の復刊！（単行本1978年刊）

娘に語るお父さんの戦記

水木しげる　41906-0

21歳で南方へ出征した著者は、片腕を失い、マラリアに苦しみながらも、自然と共に暮らすラバウルの先住民たちと出会い、過酷な戦場を生き延びる。子どもたちに向けたありのままの戦争の記録。

著訳者名の後の数字はISBNコードです。頭に「978-4-309」を付け、お近くの書店にてご注文下さい。